工农砺哲学

【挪威】约纳斯 · 切伊卡（Jonas Čeika） 著

张芃爽 译

中央编译出版社
CCTP Central Compilation & Translation Press

图书在版编目（CIP）数据

工农砺哲学／（挪威）约纳斯·切伊卡著；张芃爽
译. —北京：中央编译出版社，2023.8
ISBN 978-7-5117-4429-6

Ⅰ. ①工… Ⅱ. ①约… ②张… Ⅲ. ①尼采
（Nietzsche, Friedrich Wilhelm 1844-1900）–哲学思想–
研究②马克思主义哲学–研究 Ⅳ. ①B516.47②B0-0

中国国家版本馆CIP数据核字（2023）第086080号

版权登记号：图字：01-2023-0784

工农砺哲学

图书策划	张远航	
责任编辑	哈　曼	
责任印制	刘　慧	
出版发行	中央编译出版社	
地　址	北京市海淀区北四环西路69号（100080）	
电　话	（010）55627391（总编室）	（010）55627319（编辑室）
	（010）55627320（发行部）	（010）55627377（新技术部）
经　销	全国新华书店	
印　刷	北京汇林印务有限公司	
开　本	880毫米×1230毫米　1/32	
字　数	190千字	
印　张	9.375	
版　次	2023年8月第1版	
印　次	2023年8月第1次印刷	
定　价	68.00元	

新浪微博：@中央编译出版社　微　信：中央编译出版社(ID: cctphome)
淘宝店铺：中央编译出版社直销店(http://shop108367160.taobao.com)
　　　　　（010）55627331

本社常年法律顾问：北京市吴栾赵阎律师事务所律师　闫军　梁勤
凡有印装质量问题，本社负责调换，电话：（010）55626985

目录
CONTENTS

引　言

我所理解的哲学家就是一堆可怕的炸药，它危及
一切……

——尼采《看哪这人：尼采自述》[1]

我指的就是要对现存的一切进行无情的批判，所
谓无情，就是说，这种批判既不怕自己所做的结论，
也不怕同现有各种势力发生冲突。

——1843 年 9 月，马克思致阿尔诺德·卢格[2]

1

去年，在佛罗里达的一个机动车驾驶管理处，办公室
墙上挂着的几个牌子中，其中有一个特别吸引我的注意：
它是小马丁·路德·金的形象，上面还写着"活在梦想
中"。其含义是，对小马丁·路德·金而言的曾经的梦想，

现在业已实现，不再需要为之奋斗——这个例子生动地说明了一个反叛的思想家和活动家（在生前被视为对国家的巨大威胁，被猛烈地抹黑，遭到追捕）是如何被中立化，卑躬屈膝，变成当下①的合法化者（而不是在某种程度上变成了一种商品的装饰品）。这是通过暗示反叛者为之奋斗的事态现在已经实现，并且在这个反叛者仍然相关的范围内，它不是作为革命者而是作为现状的朋友来实现的。这就是社会民主党派对马克思所做的，他们宣称现在他们掌权了，所需要的只是一条通往"梦想"的渐进式改良主义道路。对他们来说，共产主义的到来并不是一个通过不断实践来积极接近的过程，而是一种遥远的事态，将在某个未确定的未来的某一天实现。两种情况都声称，在马克思主义的幌子下，不需要任何进一步的革命机构。为了政治效用而贬低马克思导致了怪诞的矛盾情况出现，例如苏联，一个"工人阶级国家"镇压工人罢工；又或是德国社会民主党，一个所谓的"工人党"支持原始法西斯主义者在起义中屠杀工人³。马克思的所有这些国家主义表现形式都有竞争对手，他们试图保留马克思的革命潜力，利用他作为打击政权的锤子，但随着时间的推移，他们被

---

① 当伟大的革命家在世时，压迫阶级总是不断迫害他们，以最恶毒的敌意、最疯狂的仇恨、最放肆的造谣和诽谤对待他们的学说。在他们逝世以后，便试图把他们变为无害的神像，可以说是把他们偶像化，赋予他们的名字某种荣誉，以便"安慰"和愚弄被压迫阶级，同时却阉割革命学说的内容，磨去它的革命锋芒，把它庸俗化。——列宁，《国家与革命》，作者注。（译文摘自列宁：《国家与革命》，北京：人民出版社2020年版，第6页。）

边缘化、被征服，有时甚至是雪上加霜，被公开的反马克思主义者和用马克思来捍卫现有的资本主义政权的人描绘成马克思的敌人。那些宣称**超人**①（Übermensch）出现在第三帝国的纳粹分子也对尼采进行了同样的庸俗化，即使这种**超人**的特征是尼采最讨厌的两种人——德国人和反犹太主义者！

2

在大众的想象中，将马克思与尼采一起解读可能会显得很奇怪：难道他们不是截然相反，以至于从对方的角度解读它们只会导致矛盾和混乱吗？他们不可调和的程度被夸大了，而这只是将二者结合起来的众多原因之一，因为在很大程度上是上述怪诞的变形造成了这种夸张。尼采的拥趸往往对马克思抱有反感，这在极大程度上是自称马克思主义者自己的错，他们中的许多人提出的马克思主义思想：冷酷、非人道，包含决定论和庸俗机械论或国家主义和官僚主义——而马克思本人强烈反对以上所有特征。当马克思强调历史**不过是**个体追求目标时，历

---

①　这个概念由尼采提出，通常的英文译法为"超人"（"overman"）或卡通式的"超人"（"Superman"）。然而我更倾向于使用德文原文。首先，德文中"人"（Mensch）是中性的，与英文中的"人"（man）不同（如果说"超人"超越了善与恶，那么认为"超人"超越了性别之别也恰如其分）。其次，英文译法可能会丧失与尼采经常使用的其他以 Über 为开头的单词的关联性，例如最重要的"克服"（"Überwindung"）。

史已经被塑造成一种独立力量，仿佛在外部统治着人民。历史分析已经变成了一种预言，一种确定的元叙事，一种人们不再相信的天真事物。马克思主义行动已成为政党政治家的活动，而工人阶级本身始终是其革命活动的发起者。

而一旦我们用尼采来挖掘马克思主义，我们就能发现马克思在 20 世纪马克思主义的失败和变形中被有意谴责、忽略或是视而不见的所有尼采式特征。我提出了一种尼采式的马克思主义，矛盾的是，它变得比许多自称是马克思直接继承人的马克思主义形式更加马克思主义。**人**的因素必须得到恢复重建——积极的人、他们的生活经历和他们最个人的关切——没有任何现代哲学家比尼采更强烈地提供这一因素。我们的哲学并不仅仅以日常的关切与活着的、受苦的人们为中心；它**有赖于**之存在和发展。

当名义上的马克思主义机构想让马克思变得更加柔韧时，他们强烈反对的往往正是将马克思与尼采联系在一起的因素，这并非偶然。尼采哲学最显著的特征之一便是它对**奴役**和被奴役的强烈厌恶，而这正是许多伪装成马克思门徒的敌人所针对的目标。可怜的马克思——甚至比尼采还要可怜——被迫承受许多可怕的肢解和变异。通过理论上的扭曲和实践中的误用，他改头换面，从一位想要完全**超越**现代性范畴的思想家转变为一位只想改造某个特定现代性领域的思想家：即社会民主主义者、道德主义者、历史决定论者，甚至民族主义者。有那么多人把自己的职业生涯都献给了挖掘马克思的故纸堆，并使用了一个或另一个断片，**而不是**强调他最有力的内核，但却恰恰为了**中和**最有力的内核而允许他被奴役。他被塑造成议会政党的合法化者，一位有元叙事的先知，一个正义、平等、公平的传教士，一个空想家。鉴于尼采的反叛精神和对奴役的厌恶，毫不奇怪，他在俄国革命前和革命期间如此受革命者的欢迎，但随着苏联耗尽其政治转型的能力，随后遭到更多的谴责和抹杀——在使马克思"臣服"的过程中防止尼采干涉是非常有用的。

2020 年，当菲律宾政府就一项据称目的是反对恐怖主义的新法案修正案举行听证会时，会上将马克思与尼采一起列为对国家的威胁——这并非无知之举。菲律宾奎松市的一位对该法案的批评者说，鉴于其模棱两可的观点，这可能意味着"任何想要加入政治组织的成员，想要讨论马克思主义、列宁主义，弗里德里希·尼采和他的超人（Übermensch）概念，是可疑的。"[4] 很好！这个法案的幽默并未失其合理性。马克思和尼采毕竟是现代解放的两大巨人。如果绝大多数国家不认为他们是可疑的，他们就不会是真正的马克思和尼采。在其作品《偶像的黄昏》的副标题中，尼采将他的思想描述为"用锤子哲思"。所以让我们把马克思当作锤子，而不是已经合法化了的事物，因为真正的革命者不需要被赋予合法性。未来的价值创造者使自己变得合法。

3

当人们观察到马克思的思想被他的一些追随者歪曲和毁坏时，可以很明显地发现，区分马克思和马克思主义就像区分耶稣和基督教，或苏格拉底和柏拉图（主义）一样重要。任何思想家在变得正式化、法典化、制度化、意识形态化的过程中（正如发生在上述运动的许多分支中），都有可能成为一具尸体。每一场运动，当它被机会主义污染时，都会受到这种木乃伊化和庸俗化的威胁，必须积极抵制，正如本书所尝试的那样。马克思和尼采拓展的哲学在本质上都是变革性的，是总处于运动中的、能够无休止地超越自身潜力的哲学。但每当它们被用于机构合法化的目的时，这种变革性的潜力就不得不被剥夺了。合法化的文件不可能是变革性的——它必须像它所承认合法化的政权一样是正式的和静态的。因此，激进思想的许多分支被阻碍继续生长：一些被切断，一些被弯曲，还有一些被孤立。通过德国社会民主党、第二国际，最后是苏联的形式化进程，马克思从一个无限自我转化的源泉变成了一座纪念碑——其形式和内容都是静止的。一个思想家变成一座纪念碑，就等于他们的死亡——因为死亡状态下，一个人的潜力被切断，最后才被说出一个人"曾经"的样子——化为白骨，化为僵硬和无生命的东西。思想家变成了雕像。如果雕像成功建立，它的重量会随着它的影响力而增长；

必须注意查拉图斯特拉的警告，"当心，别让一尊倒下的雕像把你们砸死！"5

思想家必须永远是你无法控制的东西——没有什么能比让他们屈服更让他们感到不光彩的了。对于活人也是如此。发现一个人对某些目的有用并没有错，但他们的尊严要求我们不要把他们降格为有用的人，当然，这正是资本主义劳动分工所做的。我们会给马克思一把锤子，但不会为此让他成为一个木匠。我们将给马克思一把锤子来砸开所有压在他身上的历史瓦砾。

4

本书并不是一味地试图将马克思和尼采综合起来。不是像以前那样，主要是用尼采补充马克思的不足，或者反过来用马克思补充尼采的不足（例如把马克思对政治经济学的批判与尼采对苦行理想的批判结合起来）。这样的综合可能会忽略，作为补充的事物**已经存在**于本可能缺乏或不足的思想家中。也就是说，无论多么分散或有限，马克思那里已经有对苦行理想的批判，而在尼采那里，已经有对资本主义的批判。因此，这不是综合或补充的问题，而更多的是利用每个思想家来带出已经存在于另外的思想中的，但可能被忽视、隐藏或置于背景中的事物。在分析一个思想家时，另一个思想家可以成为产生更详细分析的参考。我们的目标是通过盘问来激发每个思想家已经具有的巨大批判力量——这只需要一点点推动力。

5

马克思经常被这样介绍，特别是向那些害怕他的人这样介绍：社会主义革命家马克思，或者是经济分析家马克思，后者原则上可与前者分开；换句话说，人们可以把马克思对资本主义的分析与他的革命政治思想分开。也许这种表述在教学上可以得到辩护，但它使人永远无法真正理解马克思。一般来说，僵化的二元对立往往会掩盖马克思的辩证思维模式，它不是从严格的对立开始的，例如描述性与规范性、事实与价值、分析与政治之间的对立。马克思的理论批判同时也是革命实践，反过来说，他的革命实践同时也是理论批判，二者缺一不可。不仅理论在抓住群众时成为革命实践，而且革命实践在处理和改变社会关系时也为理论作出贡献。理论和实践是连续的整体，任何的单独存在都必然是不完整的。这是马克思思维方式的最基本的基本特征之一：没有理论，就无法评价实践效果。但同样，也不能脱离实际效果来判断某种理论的有效性。

这是一个后果严重的区分，就仿佛存在着一种**特有的认识欲望**，它不顾及利弊问题，盲目地追求真理；然后脱离真理，投身于整个实践功利的世界……

……体系之争，包括认识论上的疑虑，乃是一些完全确定的本能的斗争……

——尼采《权力意志》（1888 年 3 月至 6 月的笔记)[6]

全部社会生活在本质上是实践的。凡是把理论引向神秘主义的神秘东西，都能在人的实践中以及对这种实践的理解中得到合理的解决。

——马克思《关于费尔巴哈的提纲》[7]

当马克思主义被简化为理论命题时，普通人会发现这与他们的生活无关。但是，如果马克思主义不是**活生生的**，就什么都不是。它只能由个体来实现，对他们来说，这不是一个理论问题，而是一个与他们最个体的关切有关的问题。马克思拒绝所有"纯粹的**学术**"问题。就马克思主义理论而言，积极的、痛苦的、斗争的个体是它的生命线。

这是马克思和尼采都同意的一点：人们不能把哲学从它的实际背景和效果，从它的用途、功能和目标中分离出来。马克思的哲学是种内在的哲学——即使当马克思回顾原始历史的最遥远的地方时，他也是这样做的，同时牢牢地立足于现在，着眼于未来，从不偏离它的方向。从未来的发展中抽象出来，就是放弃哲学，因为它的完成还没有到来。尼采哲学也不例外。他的哲学如果脱离了创造新价值和新思想的目标，那就什么都不是了，那么，他创造新的价值和肯定生命的目标，他对"超人"的期待，或他对赋予地球以意义的急切心情，也将一无是处。对于尼采来说，如果一位哲学家完全远离所有的实际目标，那么就基本上是一个被剥夺了生命的人，因为他们把哲学作为逃避生活的手段，暂时把自己从事件流中解放出来，以一个去个人化的角度来思考一些非历史性的问题。这样的哲学家是古老的宗教苦行者的后裔，他们通过思考使自己平静下来，向着永恒的天国，在那里，世俗的关切是不存在的。

即使一个思想家打算发展一个"纯粹的描述性"理论，也不可能独立于所有规范性的关注、评价、社会目的和利益而这样做。对一个复杂现象的任何分析都需要用辩证的语言称之为"抽象化过程"。例如，如果一个人试图理解现代社会，他的分析将由一些分析性的类别（例如"个人""阶级""产品""生产"等）构成。这些类别的发展构成了一个人的"抽象化过程"，也就是说，"抽象化过程"是一个人把世界分成不同的部分的方式。因为在原则上，人们可以用无限多的方式对世界进行细分和分类，所以这种方式绝不是不言自明的。我们使用的类别在某种程度上**总是**由我们的实际目的和利益决定的，根据我们想要强调的对象的各个方面，而且不乏我们被社会化的偏见。无论人们是否意识到，都无法逃避抽象化的过程。区别在于那些**承认**它并考虑在特定背景下做它的最佳方式的人，以及那些忽视它而回到他们认为最舒适和熟悉的抽象的人。

6

事实上，既没有站在上帝之眼的视角，也没有超越所有视角的视角来观察世界，那么每一个视角在某种程度上都必然是有限的，有局限性的。这是人类经验中不可避免的一部分。一个视角意味着一个特定的观点、一只特定的"眼睛"，人们用它来感知事物。一个**绝对**的视角，一个无条件的客观性的视角，正如尼采所说，"它们在这里总是要求一只可以思考和设想的眼睛，但这样的眼睛却是人们根本无法设想的；总是要求这只眼睛应该完全没有观看的方向；在这只眼睛那里，那些主动性的和解释性的力量应该被终止，应当缺失，但是恰恰只有通过这些力量，观察才能成为有对象的观察；所以，这些对眼睛的要求都是愚蠢和荒谬的。"[8]

然而，对绝对视角的否定并不意味着对我们传统上称之为"现实""真理"或"客观性"的东西的接近是不可能的。在《道德的谱系》中，尼采提出了他自己的客观性概念，其要点在当代学术哲学中越来越常见——"我们能够把对某一事物的影响写进文字，我们能够对同一事物使用更多的眼睛、各种眼睛，我们对该事物的'概念'、我们的'客观性'就越完整。"换句话说，客观性不是**放弃**所有特定的视角，而是视角的**积累和合并**，通过这些视角，我们行使我们的"积极的和解释的能力"。对尼采来说，客观性的标准是在观点之间的争斗中、在它们之间的关系中确定的，随着客观性的增长，某些观点就会被更强大的观点所吞没。

如果尼采对奴隶道德的分析是正确的，那么它就能够在一个完整的、连贯的概念化的基础上，解释主人和奴隶的本质和观点；它能够在其解释的领域中包含更广泛的视角，因此更"客观"，而奴隶给出的解释只能理解他们**自己的**观点，让主人道德要么是一个谜，要么是失常，或者需要一个完全独立的解释领域才能理解。

马克思在对资本主义的分析中，从不同层次的抽象概念出发，但以一种允许它们相互叠加和连贯的方式，聚沙成塔，使得人们从中获得更高的理解。资产阶级经济学家只能从他们自己的观点来解释生产，强调一切能证实他们的需要和利益的东西。一旦涉及经济危机、生产过剩导致的稀缺性或工人的大规模反抗等事实，这些经济学家必须将其视为异常现象或由与其他无关的外部影响引起的资本主义制度的"纯粹"运作。另一方面，马克思的分析不仅可以解释经济危机、稀缺和生产过剩、工人的贫困、资本的历史起源和可能的发展，**还可以解释资产阶级观点背后的原因**。换言之，马克思的分析不仅可以解释资本主义生产方式中资产阶级经济学家所忽略和不理睬的一切，而且可以解释**为什么**资产阶级经济学家首先会忽略和不理睬它，从这个意义上说，马克思的分析具有更高的客观性。它考虑了**多种观点**。

7

这种客观性的"增加"和观点的结合，一旦发展到一定程度，其特点也是克服了琐碎的道德化，克服了责备和报复的本能。对于苦行僧和资产阶级经济学家来说，对惩罚的需要和对安慰的世界观的需要相辅相成。一方面，他们的世界观证明了他们已经寻求对敌人实施的惩罚是正当的。另一方面，他们的世界观要求——为了说得通——责备和惩罚的分配。对于拥有奴性世界观的苦行者来说，一切不能融入那种世界观的东西，一切威胁要破坏它的东西，都是邪恶的——解释畸变的存在的困难性（为什么上帝会允许这样的邪恶?）被视为其道德堕落的证据。对于奴性的人来说，外来事物最可怕的事情之一就是它的内在密度，缺乏透明度，以及从它的角度理解事物的难度。

同样，资产阶级思想家没有工具来解释资本主义自诞生以来就伴随着的基本问题，也没有解释生活在资本主义下的大多数人悲惨或不满的事实，他们必须求助于能够识别阻碍制度正常（也意味着"道德上良好"）运行的外来因素。官僚、共产主义者、移民、犹太人、间谍、破坏者、煽动者、颓废者，以及在特定时间最容易成为替罪羊的人，成为恐惧和仇恨的目标，成为解释如此出色的制度为何如此糟糕时的缺憾。这样，他们的理解**缺陷**和世界观**不完整**的迹象，就被牧师和思想家转化为**证据**，证明与他们的世界观不同的一切都必须被压制、灌输或根除，他们的世界观必须更加受保护。

为了免除系统的所有责备，将入侵者、系统的敌人假定为以下两种事物之一是非常有帮助的：要么作为动物、亚人类、无能力的生物道德深思熟虑，或作为一个超然自由但邪恶的道德代理人。将自己的敌人描绘成前者可以解释为什么敌人会攻击或威胁如此美妙的事物：因为他们没有任何理性，没有道德感，因为他们甚至无法理解自己的行为！额外的好处是，人们可以使用这种分类来证明对入侵元素的大规模消灭是正当的，而没有道德上的疑虑。第二种选择使现状免于自身的失败，因为入侵者已经做出了**道德选择**——在现有社会中寻找他们行为的原因是没有用的，因为他们的邪恶行为是在绝对的领域中决定的自由！（当你提到名义上资本主义国家的巨大死亡人数时，资本主义的捍卫者会说这些死亡是由于个人选择，而不是资本主义本身。换句话说，他们求助于超然自由的道德代理人的虚构。当然，当涉及名义上的共产主义国家时，死亡原因突然变得系统化了。）虽然第一种分类允许一个人惩罚外来因素，甚至不需要道德上的理由，但第二种分类允许一个人惩罚外来因素，原因是他们的**罪责**，即他们**选择**做坏事。

8

承认理论与实践之间的联系至关重要，这不仅是为了方法论，也是为了尼采最推崇的美德之一：诚实。我不愿意误导或让我的读者失望，**我不屑于隐瞒我的观点和目标**，宁愿从一开始就明确我的思想中那些过于人性化的方面，许多哲学家往往会羞于掩饰，甚至他们自己也不屑一顾。这不是一本"无私"的书，它的内容既不是普遍的，也不是永恒的，它不主张绝对的观点，它的解释也不是最终的——事实上，我希望有一天这本书会过时。像所有哲学书籍一样，或多或少地，它具有历史定位和个人影响，受特定激情和信念的驱动，表达了笔者的品位、愿望和希望。

尼采在《论道德的谱系·善恶之彼岸》中写道，所有哲学都是"它的创立者的自我表白，是一种非自愿和未觉察到的自传"[9]。这是对哲学中一个不可避免的事实的观察，就像其他人一样，尼采也是如此。因此，这不是对哲学本身的谴责，而只是对不诚实地撒谎并试图掩饰其本性的哲学的谴责。一个好的尼采主义者能做的最好的事情就是表现出**诚实**的美德，并公开**承认**这一事实。

所以，让我说清楚：以下作品是对尼采的**解释**，特别是对**社会主义**的解释（事实上，人们可以补充说，它也需要对**社会主义**的特定解释）。这是一种解释是不言而喻的——毕竟，尼采自己宣称"解释，而非说明。没有什么事实"[10]。这不应与任何解释都与**其他**解释一样好的荒谬说法相混淆——即使没有人持有这种说法，也很容易受到攻击，尼采本人也会反对它，因为它是思想和文化的完全退化。关键是，解释只能来自特定的、有限的，即人的视角；

判断其质量和价值的标准本身必须嵌入到一种观点中。

用尼采的方式来说，解释是一种支配形式，要支配一个对象，首先需要对它有一定程度的了解。仅这一点就意味着解释不能是任意的。在不忠实于他的作品和人物的情况下利用尼采，就像在不知道会有什么上钩时就试图钓鱼一样徒劳无功。这是因为解释只有在抓住他人并传播开来时才能成功，为此它必须站在非任意的、共享的背景前。话虽如此，一个有效的解释也必须有一定的随意性——没有它，它所能做的最好的事情就是仅仅复制它的解释对象，从而违背了整个活动的目的。

任何解释在某种程度上都必须是**选择性**的。同样，在这里，一种没有选择的解释，一种不遗漏任何东西的解释，只能是对人们打算解释的文本的纯粹复制。如果有人声称我的作品由于其选择性而不是真正的尼采主义，他们也将不得不以同样的理由驳回尼采，因为他写的最后一本书《看哪这人：尼采自述》是对他自己的生活和作品有选择性的练习。所有的积极力量都需要有选择性，知道什么值得保留，什么可以放手；只有当一个人也能够否定时，他才能被肯定。

9

本书的主题可以归结为五个部分：尼采、马克思、哲学、现代性和人类解放。这本书由片段组成，无论它们在多大程度上形成连续性，都会涉及这些元素之间的相互关系。我试图写得通俗易懂，并介绍其主题，但我并没有声称已经对这些主题进行了无可争议的介绍，远非如此。相反，就像所有哲学著作一样，它立足于特定的时间和地点，并受特定关注点的驱动。在整个作品中，我不仅介绍了概念，而且解释并利用了它们——这三个行为是密不可分的。希望自始至终出现的是一种特殊的哲学研究方式，一种理解现代性的特殊方式，一种阅读马克思和尼采的特殊方式，以及最终实现人类解放的一种特殊途径。

注释：

1. ［德］弗里德里希·尼采：《看哪这人：尼采自述》，张念东、凌素心译，北京：中央编译出版社 2000 年版，第 81 页。

2. 马克思、恩格斯：《马克思恩格斯文集》第十卷，北京：人民出版社 2009 年版，第 7 页。

3. 这件事发生在 1918—1919 年的德国革命期间，德国社会民主党（当时议会中的多数党）下令暴力镇压革命工人，甚至利用原始法西斯准军事自由军团（Freikorp）来执行任务。——作者注

4. DJ Yap, "House hearing tackles, clarifies antiterror bill", *Inquirer*, March 5th, 2020.

5. ［德］弗里德里希·尼采：《查拉图斯特拉如是说》，钱春绮译，北京：生活·读书·新知三联书店 2007 年版，第 85 页。

6. ［德］弗里德里希·尼采：《权力意志》，孙周兴译，上海：华东师范大学出版社 2007 年版，第 1059 页。

7. 马克思、恩格斯：《马克思恩格斯文集》第一卷，北京：人民

出版社 2009 年版，第 501 页。

8. ［德］弗里德里希·尼采：《道德的谱系》，梁锡江译，上海：华东师范大学出版社 2015 年版，第 185—186 页。

9. ［德］弗里德里希·尼采：《论道德的谱系·善恶之彼岸》，谢地坤、宋祖良、程志民译，桂林：漓江出版社 2000 年版，第 125 页。

10. ［德］弗里德里希·尼采：《权力意志》，孙周兴译，上海：华东师范大学出版社 2007 年版，第 119 页。

一、用锤子从事哲学

（一）身体

1

用锤子进行哲学思考包含什么？

首先，锤子是由**身体**挥舞的——由物质的、有生命的、**受苦的**有血有肉的身体挥舞的。用锤子进行哲学思考首先需要我们用身体进行哲学思考。

西方哲学史是由柏拉图（Plato）开创的，他对肉体和灵魂进行了严格的**分离**。柏拉图的身体不仅与灵魂不同，而且经常威胁要**污染**和**玷污**它——对物质的过度关注有可能使灵魂变得"不纯洁"和"邪恶"[1]。因此，柏拉图主义哲学的目标是净化其肉体标记的灵魂。这样在死亡时，灵魂可以升天而不会被肉体拖累。柏拉图在《斐多》中借由苏格拉底（Socrates）说，将身体等同于"（一个）监狱的栅栏。"[2]死后，由于"缠绵着物质的欲念"而无法净化自己的灵魂，最终会"又投入肉体的牢笼"[3]。

柏拉图式的立场在它开创的两千年西方哲学中留下了无孔不入的污点。罗马新柏拉图主义者普罗提诺（Plotinus）将身体描述为野兽，它让灵魂非必要地充满快乐、欲望和悲伤。许多基督教传统都遵循同样的态度，例如《哥林多前书》第9章27节中说道"我是攻克己身，将身服我"。这一理念最终导致由笛卡尔（Descartes）及其身心二元论发起的现代哲学的出现。身体被贬低为纯粹的机制，遵循因果的决定性法则；而心灵则被尊崇为完全不同的实体，具备自发性和自由意志。除了少数例外，西方哲学的历史多数是贬低和回避身体的历史，或者至少是身体被忽视，认为与哲学无关，被视为与灵魂、思想、人不同的东西，需要受到处分并被迫接受惩罚。尼采提到了"轻视身体"的传统，即"从前灵魂对肉体投以轻蔑的眼光：这种轻蔑在当时是最崇高的思想——灵魂要肉体消瘦、丑陋、饿死。这样灵魂就以为可以摆脱肉体和大地。"[4]

在试图直面这个问题的过程中，尼采并没有简单地考察"鄙视身体者"所提出论点的认知内容。那不会解决问题的根源，因为它的根源不是认知论证，而是物质存在。尼采将对身体的诋毁视为一种特定生命形式的症状，并问道：这种症状揭示了哪些潜在的存在条件？尼采和马克思共有的这种对理论的症状性方法，是理论家保罗·

利科①称他们为"怀疑的解释学家"②的原因——在解释哲学观点和命题时，他们不是从表面上看待它们，而是寻找潜在的条件以及可能导致这种理论立场的过程。他们的理论部分涉及对症状的解读。尼采在症状背后（对肉体的低估和贬低）发现，隐藏在它下面的是物质的无能，是身体力量的缺乏，表现为对世界的怨恨和对生命的仇恨。症状揭示了一种疾病。

2

如果想简便地在西方哲学的谱系中为尼采找个位置，可以将他定义为**反柏拉图**者。在柏拉图著名的洞穴寓言中，解放了的哲学家离开洞穴（多数人生活在无知的黑暗中）并爬出黑暗，进入太阳的光芒（永恒和绝对的象征：真、善、美）。尼采本人心目中最重要的作品《查拉图斯特拉如是说》，以对这个寓言的模仿开始：从一个在山的高处而不是在地下深处，并且刚好在黑暗中的山洞里，英雄查拉图斯特拉聚集起他的智慧——他的**反柏拉图**智慧。小说以寓言的方式，展示了尼采对柏拉图式哲学模式的反对。人类经验具有的基本局限，对柏拉图来说是种本质缺陷的标志，在尼采那里却被认为是美丽的必然性。

---

① 保罗·利科（Paul Ricoeur，1913—2005 年），法国著名哲学家，代表作有《现象学与诠释学》《活生生的隐喻》《作为他者的自身》等。

② 解释学：一种有关解读和阐释的学问。——作者注

因此，尼采将柏拉图对身体的批判彻底转变为身体的提升。查拉图斯特拉宣称："我只是肉体，其他什么也不是；灵魂不过是指肉体方面的某物而言罢了。"换句话说，身体并不是我管教、征服和奴役的不羁障碍。相反，我**就是**身体——自我和身体指的是同一个东西。"我的弟兄，在你的思想和感觉的背后，有一个强有力的发号施令者，一个未识的智者——他名叫自己。他住在你的肉体里，他是你的肉体。"5

尼采以这种方式表达的唯物主义类似于马克思所表达的唯物主义，因为他反对的不是柏拉图，而是黑格尔（Hegel）："不是人们的意识决定人们的存在，相反，是人们的社会存在决定人们的意识。"6 马克思社会思想的出发点不是作为灵魂、精神或理念的人，而是作为"自然的、肉体的、感性的、对象性的存在物……是**被动的**、受制约的和受限制的存在物""现实的、肉体的、站在坚实的呈圆形的地球上呼出和吸入一切自然力"7。因此，用身体进行哲学思考首先意味着认识到身体对理论和实践的本质意义，它既先于哲学，又指导着哲学。

3

尼采一生都在忍受身体上的痛苦。从很小的时候起，他就患有严重的偏头痛，然后是病毒感染、痢疾等痛苦的肠道问题，最后是癫痫发作和中风。从 1873 年到他理智的生命结束，尼采摆脱这种身体上的痛苦的时间，只有几个星期。让我们习惯于病征式解读哲学家：尼采全身的疾病和痛苦**迫使**他不可避免地意识到有形的事物。通过他的生活经验，他看到了在何种程度上身体和心灵不可分割。尼采的身体一再主张其自身，其本能、感觉和情感，并**要求**自身被承认。尼采的许多最伟大的哲学创新都源于这种身体本能，它使尼采最终认识到，**所有**哲学，在不同程度上和伪装的层面上，都归于身体。

但尼采身体的敏感性及其影响的强度也意味着，随着疾病的消失和疼痛的消退，恢复期会产生巨大的缓释效应，以至于它会爆发出强烈的快乐。在很大程度上要归功于恢复期，西方哲学的大炮才被迄今为止最欢快、最成功的哲学体系之一所美化。《快乐的科学》首先描述了这种恢复期所唤起的情感：满溢的感激之情，恢复的力量的庆祝，新视野所产生的希望和陶醉。再一次，鉴于这样的恢复，人们怎么可能在属于身体的东西和属于心灵的东西之间做出粗略的二元区分？一个人怎么能在如此不可分割和完整的体验中造成这种分裂？正是这种身体上的快乐——一种快乐的科学的先决条件，让尼采感受到了非凡的自我价值感：所有谴责身体、惩罚身体、贬低身体、幻想身体并不存在的人——在尼采眼中，所有这些情绪都变得可悲——当身体能够产生如此强烈的感觉时，他们怎么可能站稳脚跟？

鉴于其物质生存条件和他对这些条件的反应，尼采不可能成为柏拉图主义者或诺斯替主义者①（Gnosticist）——这种人不仅认为灵魂和身体之间存在着根本性的分离，而且以牺牲后者为代价赋予前者以特权，将身体降格为监狱，成为灵魂的临时牢房。在全方位的幸福中，我的生活、我的经历、我的悲伤和欢乐的核心元素怎么能从"我"身上移走呢？它们会留下什么？当然不是我所理解的自己的任何东西！而且也不是我想成为的任何东西！

正是尼采对自己生活中的身体的体验，才使他有可能在别人掩饰或谴责的地方看到身体的重要性；他对身体的持续认识产生了他毫不妥协的唯物主义烙印——一种在理论化之前就已经感受到的唯物主义。正是这种对身体所带来的影响的深刻感受，才导致他寻求身体的历史作用在身体训练、规则、惩罚、折磨、自我鞭笞和快乐领域的所有发展；一套完整的驯服和塑造身体的方法和技术，只有随着时间的推移达到如此复杂的程度，它们才会产生内心世界、灵魂和思维主体。

---

① 诺斯替主义起源于亚历山大东征至公元 4 世纪前后这段时期里。这一时期，希腊城邦相继瓦解，罗马帝国的建立也使得宗教和哲学思想产生了融合，蛮族入侵又使一些繁荣的地区变得荒芜。这就是这一时期人们的基本生存处境——强烈的二元论困境——人与环境之间的异化。这一切使得当时的人们对苦难极度敏感，迫切需要寻求一条通向安慰与救赎的道路，而这一切在当时只能通过宗教去寻求。因此诺斯替的神秘主义教派开始兴起。这类神秘主义宗教体现了人们强烈的二元论困境。诺斯替主义企图从各种宗教与哲学中找出关于拯救的共同的、本质性的知识，如世界和物质的起源、人的起源和命运等等。

4

一面是柏拉图，另一面是马克思和尼采，他们之间的区别不仅可以说成是对身体的看法，也可以认为是**存在**与**生成**的区别。柏拉图是存在的哲学家，因为他占据了稳定、永恒、不变的境界，作为世界的基础或根基。我们通过感官体验到的日常世界是"生成"——流动的、无尽的变化。柏拉图承认这一点，但认为这种变化是匮乏的、派生的、次要的现象；现实的**真正**基础或根基对他来说是超越感官的——我们可以通过哲学思考来领会的形式的永恒世界。因此，柏拉图将"生成"置于"存在"之下，就像他将身体置于灵魂之下一样。

对尼采来说，存在的哲学从根本上说是**否定生命**的，因为它诋毁了我们唯一真正了解的世界——我们通过感官体验到的不断变化的世界。超感官领域被发明出来——无论是柏拉图的形式领域，还是上帝的国度，或者一些形而上学的原则，而这个想象中的领域被用作判断变化的世界是否有缺陷的标准。对尼采来说，这就是否定生命的本质——谴责"生成"的世界，因为它不符合想象中的存在的世界的标准。

哲学中这种否定生命的传统甚至可以追溯到柏拉图之前，至少可以追溯到巴门尼德①（Parmenides），他宣称**所有**

---

① 巴门尼德（Parmenides Eleates，公元前 540 年左右—前 480 年以后），古希腊哲学家，埃利亚学派的主要代表。

的变化和**所有**的感觉经验都只是幻觉，认为**没有什么**是真正的变化。然而，还有一个同样漫长的"生成"的哲学传统，至少可以追溯到公元前 5 世纪的赫拉克利特①（Herakleitos）。对于尼采和马克思主义者来说，哲学真正开始于赫拉克利特：他是尼采最喜欢的古希腊思想家，而马克思认为他是继亚里士多德之后最伟大的古人。为什么呢？因为赫拉克利特把**过程**、**生成**、**流动**作为他的哲学的中心原则——"一切都在变化，没有什么是静止的……你不能两次踏入同一条河流。"与巴门尼德完全相反。所有其他前苏格拉底哲学家都关心如何确定构成存在的基本本体论要素——对泰勒斯来说是水；对阿那克西门尼来说是空气；对原子论者来说是微小的、不可分割的粒子。换句话说，他们都在试图确定一个存在的基本要素，以此来解释现实的本质。另一方面，赫拉克利特没有提出任何特定的元素，也没有提出任何存在，而是将**过程本身**作为基础原则，他将其称为"火"，因为火不断地移动、变化和变形，比其他四种元素中的任何一种都要多。

这就是为什么黑格尔说赫拉克利特是第一位提出**辩证法**的哲学家——辩证法构成了人类思想发展中的第一个真正的步骤；第一位阐释"生成"的哲学家：

这一普遍原则最好被描述为"生成"，即"存在"

---

① 赫拉克利特（Herakleitos 约公元前 544—前 483 年），古希腊哲学家，辩证法的奠基人之一，自发的唯物主义者。

的真理；由于一切都存在，同时又不存在，赫拉克利特在此表示，一切事物都是"生成"。不仅起源属于它，而且消亡也属于它；两者不是独立的，而是相同的。从"存在"到"生成"，是思想上的一个巨大进步。[8]

马克思和恩格斯认为赫拉克利特很重要的原因就在于此——他是第一位辩证法思想家，甚至隐含着一种早期形式的唯物主义。恩格斯明确指出他的重要性：

> 当我们深思熟虑地考察自然界或人类历史或我们自己的精神活动的时候，首先呈现在我们眼前的，是一幅由种种联系和相互作用无穷无尽地交织起来的画面，其中没有任何东西是不动的和不变的，而是一切都在运动、变化、产生和消失。这个原始的、素朴的但实质上正确的世界观是古希腊哲学的世界观，而且是由赫拉克利特第一次明确地表述出来的：一切都存在，同时又不存在，因为一切都在流动，都在不断地变化，不断地产生和消失。[9]

尼采在1885年写道，他一直允许的唯一一种哲学是**赫拉克利特式**的：哲学是"试图以某种方式描述赫拉克利特式的生成，并将其简化为符号。"[10]因此，我们可以列出用身体进行哲学的另一个要素：身体的本质是不断变化的，我们的哲学必须反映这种变化。它必须拒绝所有的教条主义，所有声称永恒有效的形而上学体系；它必须是一种"生成"的哲学——过程和历史。

> 您问我，哲学家都有哪些特异体质？……比如他们缺乏历史的意识，他们对于生成之表象自身的憎恨，他们的埃及主义。当他们**从永恒的视角出发**（sub specie aeterni），对一件事进行非历史化时，——当他们把它做成木乃伊时，自以为在向一件事表示**尊敬**。几千年来哲学家们处理过的一切，是概念的木乃伊；没有什么真实的东西生动活泼地出自他们之手。这些概念偶像的侍从，当他们朝拜时，他们在杀戮，他们在制作标本，——当他们朝拜时，对一切的一切造成生命危险。死亡，变化，年岁，如同生育和生长，这些对他们来说是异议，——甚至是反驳。存在的不生成；生成的不……可他们全体，甚至带着绝望，相信存在者。[11]
>
> ——尼采《偶像的黄昏》

5

马克思和尼采是唯物主义者，但他们属于一种特殊的类型：**赫拉克利特**类型。许多马克思主义者，尤其是马克思列宁主义者，将马克思的唯物主义解释为仅仅是对 18 世纪唯物主义的复制，但在这一点上，他们忽略了马克思从黑格尔那里得到的关键要素。正如恩格斯所说，18 世纪的唯物主义"不抨击基督教对人的轻视和侮辱，只是把自然界当作一种绝对的东西来代替基督教的上帝而与人相对立"[12]，换句话说，18 世纪的唯物主义仍然把变化的世界从属于一个存在的原则。但是马克思和恩格斯给唯物主义带来的是承认人性是一个**变革性的和自我变革的**主体。马克思的唯物主义并没有像旧唯物主义者那样设定构成存在的基本组成部分的本体论实体——他所设定的根本不是实体，而是**实践活动的过程**。他的哲学不仅是一种生成的哲学，而且是一种**彻头彻尾的实践**哲学。

在整个现代哲学中，早期的唯物主义者正确地认识到了生命被动的方面——物质先于意识并决定意识。但唯心主义者正确地认识到了积极的方面——主体具有创造和改造世界的力量。马克思认为黑格尔的《精神现象学》的重要性在于"黑格尔把人的自我产生看作一个过程"[13]。在马克思主义的唯物主义观点中，理想主义者的积极主体变成了**物质的**、肉体的、活生生的人，而自我创造的过程变成了人类的生产行为，人类通过这种行为改变自然，并延伸到自己。粗略地说，经验主义者把历史看作是死的事实的单纯集合；理想主义者把它看作是想象中的主体的想象活动。但马克思从"人类社会或社会的人类"[14]的角度，将这两种立场升华为一种**新的**、人类的唯物主义。这是马克思《关于费尔巴哈的论纲》中的核心观点，它被引用的次数比被理解的次数多得多。尼采也有类似的观点，对他来说，世界不是一个可以被动理解的中立的物质；相反，"人作为创造者的需要已然臆造了他所加工的世界"[15]。

资本主义是一个矛盾的运动：一方面，人类的力量和创造能力以前所未有的速度加快；随着工业的发展，资本主义覆盖了整个地球，使所有的自然成为人类的"**无机的身体**"[16]。另一方面，资本主义同时也掩盖了人类的自我改造性质，使人类从一个主动的主体变成了被动的受害者。人类身体的力量达到了顶峰，扩展到了整个地球表面，但却以一种疏离的、不可控制的形式出现，这样，人类对自己的控制就显得像是自我统治。资本主义建造的无机体为无限的自我克服、自我改造、自我肯定创造了条件；但为了让人类利用这些条件，它必须首先克服身体上的异化，使这个无机体重新为自己所有。

6

前面我们已经介绍了身体，让我们再介绍一下尼采的锤子。亨利·列斐弗尔① （Henri Lefebvre） 在他对尼采的解释中说，身体被刻在以下三个层面上：

————————

① 亨利·列菲弗尔（Henri Lefebvre，1901—1991 年），法国著名的哲学家、美学家和评论家，城市社会学家，被称为"日常生活批判理论之父""现代法国辩证法之父""城市社会学理论的奠基人"和"都市马克思主义的开创者"等。列斐弗尔的思想主要集中在日常生活的理性化、殖民化和同质化。他的主要著作有《辩证唯物主义》《日常生活批判》《马克思主义中的现实问题》和《资本主义的幸存》等。

1. 经验层面——研究、分析、科学的对象，包括其功能、关系和情境。

2. 社会政治层面——判断、价值、变形、知识传播和社会关系再生产的基础。

3. 诗意层面——寻求统一，展现身体的丰富性。

如果我们将锤子记载在这三个层面上，我们就会发现它们中的每一个都与本书相关。

在第一层，锤子是存在确凿证据的最早的人类工具。因此，它的意义比它的各种表现形式更加具有根本意义上的人类性。正如马歇尔·麦克卢汉①（Marshall McLuhan）所说的（尽管马克思、后来的阿多诺和霍克海默已经提出了同样的见解），每一项新技术都是人体的延伸——眼镜是眼睛的延伸，轮子是身体的延伸，当然，锤子是手的延伸。每一次这样的技术扩展都是对现存的流程和能力的加速和扩张。锤子就是一个很好的例子，因为它本质上是一个力的放大器，将机械功转化为动能并返回——这显然是功率自我增强的一个例子。这是人类通过身体延伸来加速其能力的第一个已知实例。有些人会争辩说，鉴于有目的的工具制造对人类生活本身的不可否认的重要意义，这就是人类本身的诞生。而与此同时，这样的诞生已经是种**重**

① 马歇尔·麦克卢汉（Marshall McLuhan，1911—1980 年），加拿大著名传播学家，文学学者，媒介环境学的开创者。被誉为信息社会、电子世界的"圣人""先驱"和"先知"。他是 20 世纪名副其实的传播学大师，首先提出"地球村"这一概念。他对电子时代和赛博空间的预言逐渐变成现实。主要著作包括《机器新娘》《理解媒介》《媒介即讯息》等。

生——人类，一旦被识别出来，就已经在自我转化，超越自我，并不断改变作为人类的意义。

在第二层面，锤子作为社会政治符号存在。纵观历史，锤子象征着铁匠行会、家庭、政治实体、职业；在神话中它是神使用的工具；在民间传说中，它象征着力量。最后，随着工业劳动力的兴起，它作为工人阶级权力的象征获得了新的意义。它对于阶级社会各个阶段的社会关系的产生和再生产都至关重要。

但对于尼采来说，最重要的是，锤子还发挥着第三个诗意层面的功能，即审美统一。锤子的象征本身就包含了尼采哲学的方方面面。首先是分析和评价的要素——"用**锤子**提出问题"[17]：尼采用锤子"敲响"偶像，听听他们变得多么臃肿和空洞，从而判断他们是否毁灭的时机已经成熟。但是，如果当时不使用锤子将这些偶像**粉碎**成碎片，那么，"在历史认识的锤击"[18]下，这将毫无意义。锤子不能还原为破坏行为——它既代表了一种破坏力，也代表了它支离破碎、分崩离析，**以及**建设性的力量，因为它进行了建设和制造。锤子在诗意的统一中体现了两者的必要性——"只有作为创造者，我们才能去消灭！"[19]查拉图斯特拉说，"锤子驱向石材"是通过"热烈的创造意志"[20]。在丑陋的背后它的岩石表面有一个美丽的"形象"——**超人**的形象。就像雕塑家必须削掉一块已经存在的石头才能雕刻出美丽的雕像一样，革命者必须削掉已经存在的东西——无论多么丑陋——才能揭示其社会潜力。

　　因此，尼采"用锤子进行哲学思考"不仅仅是为了在他身后留下空荡荡的废墟，还能利用被摧毁的对象创造出更肯定生命、更美丽、更能表达积极意志的东西。总而言之：锤子敲出现状，以确定其价值的"失效日期"，一旦该价值失效，就开始通过积极的批判和批判性活动来敲打它，利用自己正在摧毁的偶像的废墟所提供的材料来建立创造者的愿景。任何成功的社会主义革命都必须摧毁隐藏在资本之下的美好和它所创造的生产力。所以工人阶级也挥舞着锤子。正如《国际歌》所唱的那样，"快把那炉火烧得通红，趁热打铁才能成功！"

　　在毁灭的过程中，锤子因此也必须成为**战锤**。在这个意义上，用锤子进行哲学思考就是用斗争来灌输哲学，用哲学来灌输斗争。否定任何对"绝对真理"的追求，正如意大利马克思主义者阿马迪奥·博尔迪加① (Amadeo Bordiga) 所说的那样；否定对"永恒精神和抽象理性"的任何假装；相反，将我们的学说作为"'战斗的'武器"[21]。今天，人类创造的战锤具有自我毁灭的性质。人类的解放包括拿起这柄针对我们的战锤，并将其重新指向使生命成为令人无法忍受的无趣的一切。

――――――――――

　　① 阿马迪奥·博尔迪加（Amadeo Bordiga, 1889—1970 年），意大利马克思主义者，共产主义理论的贡献者，意大利共产党的创始人，共产国际的成员。博尔迪加被认为是欧洲左翼共产主义最著名的代表之一。

7

尼采比其他任何现代哲学家都更多地将身体置于哲学领域，但这一理论创新存在着危险：就像尼采努力使他的书面文字充满血和汗一样，学术界的读者很容易浏览这些文本，并在没有痛苦、没有身体的充实感的情况下复制它们。在整个 20 世纪，受尼采影响的法国理论家们急切地将身体纳入法国哲学的领域，这样的礼遇以前只在某些案例中被提到过。但随着这场礼遇在学术界沉淀下来，并最终在整个 20 世纪 80 年代和 20 世纪 90 年代蔓延到美国海岸，它的大部分活力不可避免地会枯竭，它所产生的大部分文学作品将变得冰冷和毫无生气。

当身体开始进入法国理论界时，1968 年的法国"五月风暴"真正洗礼了这场礼遇——这是一个革命热潮的时刻，其中许多理论家积极参与其中。法国经济在自发的罢工和占领的浪潮中被冻结，警察的镇压遭到了巷战和路障，大量的人类个体，在他们所有特殊的差异和关注中，团结一致，共同拒绝一个让人无法忍受的世界。这场起义不仅是其时代的思想家们的巨大灵感来源，它本身也是一个充满哲学意味的事件，在这个事件中，哲学口号被人类举起，装饰在被占领的建筑物的墙壁上——"结构不上街！"（Structures don't take to the street），攻击所有在结构力量面前否认人类力量的哲学。在这里，新一代的理论是有生命力的，他们不是坐在桌子后面，而是在街道上移动，抵抗警察的警棍，投掷临时的武器，并在群众的团结中牵起手来。

当它传播到美国时，这套广泛的理论作品，很快就被简单地贴上了"法国理论"的标签，并到达了学术机构。在美国，学生的激进主义只在其以前的废墟和踪迹中可见，造反的十年早已过去，新自由主义在政治激进分子中庆祝一个新的黯淡绝望的时代。许多学者怀念最近消退的激进运动，仍然被一种反抗的冲动所驱使，拼命地在别的地方寻找新的激进主义。无论他们的努力多么真诚，他们只知道在一个地方可以找到：学术界。将学术界发展的新激进主义与外部世界联系起来的道路是罕见的，而且不是特别革命的——它们的影响往往局限于艺术和文化界的一小部分，或理论导向的亚文化青年团体。

在学术界延续至今的论述中，"身体"的语言很少为中介留下空间，无论是个人还是群体。相反，"身体"一词往往会唤起社会学家冷酷无情的注视，或者媒体消费者漫不经心的轻浮注视——无论哪种情况，身体都是扁平的，其影响也是乏味的。巴拉德①（J. G. Ballard）的小说《撞车》（*Crash*）关注了这种社会的平面性：后现代媒体文化甚至将痛苦和暴力变成了漠不关心的对象，催生了"情感的死

---

① J. G. 巴拉德（J. G. Ballard，1930—2009 年），英国著名作家，有"科幻小说之王"的美誉，被奉为"赛博朋克"（Cyberpunk）文学导师。他一生出版长篇小说二十余部，代表作有《撞车》《太阳帝国》《摩天楼》等。

亡"。最引人注目的是，某些理论家，特别是让·鲍德里亚①（Jean Baudrillard）在阅读《撞车》时，开始赞美这种病态的扁平和无感情的状况，这种不再能认真对待感觉和中介的文化。巴拉德所写的关于我们正在进入的可怕的文化状况的警告，对鲍德里亚来说，成了一个恋物癖的幻想对象。"技术化的身体"开始被赞美，但只是作为一个文本符号，与**真实的、活生生的、由其手写的文本**的身体是脱节的。

当然，可以说，在鲍德里亚的辩护中，他的写作只是反映了快速发展的大众传媒文化所真正助长的暴力的扁平性；鉴于鲍德里亚是这种文化的分析家，他的方法完全适合于他的分析对象，即一种文化本身患有病态的扁平。同样正确的是，书面文字本身不可避免地是扁平的——否认对痛苦的描述永远无法与它的实际经验相匹配，那是荒谬的。**但这正是哲学必须始终指向自身之外的原因**。这是用身体进行哲学研究的第二个意义：哲学必须保持对身体作为生活、经验机构的认识。

8

尼采的作品经常被用来支持那些将语言放在首位的理

---

① 让·鲍德里亚（Jean Baudrillard，1929—2007年），法国哲学家、现代社会思想家、后现代理论家。他撰写了一系列分析当代社会文化现象、批判当代资本主义的著作，并最终成为享誉世界的法国知识分子。主要著作有《消费社会》《生产之镜》《完美的罪行》《物的体系》《幻觉的终结》《拟像与模拟》等，他在相当程度上成为我国后现代主义学界批判、理解消费社会的思想基础。

论，那些将世界还原为符号或对符号的不可避免性逆来顺受的理论，这证明了尼采的思想有能力被改变和毁坏。尼采虽然无可否认地关注着语言的力量，但他从未屈服于这种宿命论。他一直在与语言的局限性作斗争，尤其是与文本的局限性作斗争；他形容自己是用"闪电"[22]说话，并宣布"我的哲学，如果这是我有权称之为折磨我的本性的东西的话，已经不能再交流了，至少不能用印刷品交流"[23]。

值得注意的是，即使他无法交流，但他还是称其为"哲学"。其含义是，哲学可以是**不可沟通**的东西，是不可还原于语言的东西；换句话说，哲学在与身体的统一中，可以**超越**语言。正如尼采所问："我们不能超越一切书籍，这难道应怪罪于书籍吗?"[24]在孤立的情况下，书面语只能像它所写的纸张一样扁平。它必须被赋予生命。我们必须努力充实它，让它变得丰满而温暖。理论就像一块肌肉：它的预设趋势是萎缩；它只有在得到使用时才能保持力量，也只有在使用时才能**增加**力量。

注释:

1. ［古希腊］柏拉图:《斐多》，杨绛译，北京：生活·读书·新知三联书店 2015 年版，第 24 页。

2. ［古希腊］柏拉图:《斐多》，杨绛译，北京：生活·读书·新知三联书店 2015 年版，第 26 页。

3. ［古希腊］柏拉图:《斐多》，杨绛译，北京：生活·读书·新知三联书店 2015 年版，第 24 页。

4. ［德］弗里德里希·尼采：《查拉图斯特拉如是说》，钱春绮译，北京：生活·读书·新知三联书店 2007 年版，第 8 页。

5. ［德］弗里德里希·尼采：《查拉图斯特拉如是说》，钱春绮译，北京：生活·读书·新知三联书店 2007 年版，第 8 页。

6. 马克思、恩格斯：《马克思恩格斯文集》第二卷，北京：人民出版社 2009 年版，第 591 页。

7. 马克思、恩格斯：《马克思恩格斯文集》第一卷，北京：人民出版社 2009 年版，第 209 页。

8. Georg Wilhelm Friedrich Hegel, *Lectures on the History of Philosophy*, E. S. Haldane（trans.）, London：Routledge & Kegan Paul Ltd, 1837, p. 284.

9. 马克思、恩格斯：《马克思恩格斯全集》中文第一版第 20 卷，北京：人民出版社 1962 年版，第 23 页。

10. Friedrich Nietzsche, *Notebook 36, June-July 1885*, in Rüdiger Bittner（ed.）, *Writings from the Late Notebooks*, Kate Sturge. trans. Cambridge：Cambridge University Press, 1885, p. 27.

11. ［德］弗里德里希·尼采：《偶像的黄昏》，卫茂平译，上海：华东师范大学出版社 2007 年版，第 54—55 页。

12. 马克思、恩格斯：《马克思恩格斯文集》第一卷，北京：人民出版社 2009 年版，第 57 页。

13. 马克思、恩格斯：《马克思恩格斯文集》第一卷，北京：人民出版社 2009 年版，第 205 页。

14. 马克思、恩格斯：《马克思恩格斯文集》第一卷，北京：人民出版社 2009 年版，第 502 页。

15. ［德］弗里德里希·尼采：《权力意志》，孙周兴译，上海：华东师范大学出版社 2007 年版，第 441 页。

16. 马克思、恩格斯:《马克思恩格斯文集》第一卷,北京:人民出版社 2009 年版,第 150 页。

17. [德] 弗里德里希·尼采:《偶像的黄昏》,卫茂平译,上海:华东师范大学出版社 2007 年版,第 77 页。

18. [德] 弗里德里希·尼采:《看哪这人:尼采自述》,张念东、凌素心译,北京:中央编译出版社 2000 年版,第 92 页。

19. [德] 弗里德里希·尼采:《快乐的科学》,黄明嘉译,桂林:漓江出版社 2000 年版,第 92 页。

20. [德] 弗里德里希·尼采:《查拉图斯特拉如是说》,钱春绮译,北京:生活·读书·新知三联书店 2007 年版,第 93 页。

21. Amadeo Bordiga, "The historical 'invariance' of Marxism", Milan Meeting of the International Communist Party, September 7, 1952.

22. [德] 弗里德里希·尼采:《看哪这人:尼采自述》,张念东、凌素心译,北京:中央编译出版社 2000 年版,第 81 页。

23. Friedrich Nietzsche, "Letter to Franz Overbeck, July 2nd", in Rüdiger Bittner (ed.), *Writings from the Late Notebooks*, Kate Sturge (trans.), Cambridge: Cambridge University Press, 1885, p. x.

24. [德] 弗里德里希·尼采:《快乐的科学》,黄明嘉译,桂林:漓江出版社 2000 年版,第 200 页。

（二）真理的意志

1

尼采和马克思都同意哲学中不存在无党派之说。赞同一种哲学立场，就是**在世界上**占有一席之地。如果吸收了关于身体的哲学学说，这一点应该很清楚，哲学不可能是中立的，就像人的身体一样。否认这一点的动力是尼采批评的"真理的意志"的一部分——对真理的渴望本身就是一种理想，独立于所有外部因素，独立于身体及其本能，仿佛真理是某种超凡脱俗的，具有绝对价值的东西，独立于所有世俗的斗争和过程；仿佛真理存在于它自己的领域中，就像柏拉图天堂中发现的唯一真理（Truth）一样。

尼采认为，真理的意志（will-to-truth）（仿照叔本华的生命意志 will-to-life）是从一神论的世界观中产生的。如果整个宇宙都是上帝的创造物，那么，**作为上帝的创造物，**

其中的一切在某种程度上都是神圣的，由于上帝拥有无限的绝对价值，对其创造物的**了解**是反映这种价值的东西，是本身就有价值的东西，是让我们能够接触到神圣的东西。因此，由于真理意志是从熟悉神性的愿望中产生的，它成为我们最基本和最根本的价值之一，而一神论世界观假定：1. 只有一个真理，就像只有一个上帝一样；2. 作为上帝的创造物，我们能够发现这个真理；3. 这个真理至少有一部分是可以确定地知道的，不受所有时间和空间变化的影响；4. 这个真理是固有的和普遍的价值。真理甚至可以成为一种理想的东西，与探究它的个体**脱节**。充满罪恶和不完美的个体，在揭示真理时必须隐藏自己，这样神才能更加闪耀。

尼采的目标不是**贬低**真理，而是把它带回地球，把它揭示为嵌入人类社会关系的整个网络中的东西。对尼采来说，真理是众多价值中的一种，而且是一种不确定的、模糊的、经常与我们的意志和本能相悖的东西，而且不一定是神圣的——有时候，真理甚至会**毁灭**我们。真理的发现本身取决于寻求真理的物质环境，而寻求真理的过程本身也常常改变了真理。然而，这么多学术界的哲学家，往往是所谓的分析哲学家，仍然在从事哲学研究，仿佛被追求真理的意志所驱使：以一种与作为个体的自己和他们所居住的偶然的社会环境脱节的方式，既不关心他们所处理的问题的来源，也不关心其解决方案所带来的后果。

2

尼采慷慨激昂的写作风格与当代学术界格格不入，正是因为真理的意志的存在。在学术写作中，人们经常会发现一种否定自我的意志的表达，即抹去自己的所有痕迹，最后使自己镇静下来，即"无私"（disinterestedness）的意志。所有这一切都与分析哲学中驱逐和压制所有过度和公开的批判性的、由未来感推动的或面向事物秩序变化的理论的动力齐头并进。例如，在 20 世纪 50 年代的美国，麦卡锡的学术打手们担心大学有被共产主义者和激进分子颠覆的危险，把学术哲学从批判性和反思性的自我理解这一更雄心勃勃的任务上推开，转向被视为"永恒的""普遍的"和"绝对的"问题。不要被对无私、公正或无党派的呼吁所迷惑。哲学可以成为一种政治工具，即使它声称最不政治——准确地说，哲学是一种镇静剂。尼采知道年轻是一种健康的危险——青年是个等待爆炸的火药桶，他在自己的时代看到了导火索是如何被传统的令人窒息和专横的学术关注所掐灭的。尼采的作品本身就被视为一种求真求实的意志，有如此多的尼采学术著作是其他尼采学者写的，这甚至让尼采看起来像是一项学术工作，需要对解释的微小细节着迷，其中既没有生命也没有精神。像闪电一样击中读者的尼采哲学的瞬间，揭开岩石下雕像的锤击，利用知识制造"最有力的影响"[1] 的雄心壮志——所有这些都常常被遗漏。

美国哲学家威拉德·范·奥曼·奎因①（Willard Van Orman Quine）无疑是位有价值的哲学家，他概括了学术上的真理意志，他说："主要为了精神上的安慰而主修哲学的学生被误导了，反而可能不是一个很好的学生，因为智力上的好奇心并不能打动他。"[2] 在奎因对"精神安慰"的诋毁背后——尽管它的措辞很特别，但在哲学中寻找精神安慰是合理的——隐藏着这样一个事实：奎因所说的"好学生"也在学术哲学中找到了一种"精神安慰"：满足真理的意志的安慰，从无人的角度写作，将自己从文本中抹去，在研究中成为非个体。在其他时候，"知识分子的好奇心"可能成为一种**太过热情**、**太过好奇**的事物，那么就要提醒学生，这种好奇心必须是"**无目的**"的。

"鼓舞人心和教育性的写作是令人钦佩的，但小说、诗歌、布道或文学散文才是它应该的位置。专业意义上的哲学家们并不适合做这些事情"[3]，奎因这样写道。很好，那么我们将不得不与"专业意义上的哲学"保持距离，因为对奎因来说只是对专业哲学的描述，对马克思和尼采来说则是对它的谴责。尼采在《道德的谱系》中关于现代历史学的论述，可以延伸到学术人文科学中：

---

① 威拉德·范·奥曼·奎因（Willard Van Orman Quine，1908—2000年），当代美国著名的逻辑学家和语言哲学家。奎因主要继承的是罗素的传统，期望用标准记法来对自然语言进行语义整编，用整齐划一的语言来讨论哲学。奎因思想的另一个主要来源是美国本土的实用主义，尤以杜威思想对他的影响为大。

……它最高贵的要求曾是要作一面镜子，而这已成为过去；它拒绝一切神学；它不再想"证明"任何东西；它耻于扮演法官，它在这个问题上具有良好的品味，——它既不肯定什么也不否定什么，它进行确认，它进行"描述"……这一切都具有高度的禁欲主义色彩；不过同时也具有更高的虚无主义色彩，关于这一点，我们不可以弄错！……我想不出别的什么东西能比下列的东西更令人恶心了，也就是那样一种"客观的"靠椅，那样一个在历史面前散发着香气的享乐主义者……[4]

3

尽管不可否认的是，在分析哲学学派中有许多伟大的关于尼采的学术研究，但它们几乎无一例外地存在着一般可归因于禁欲主义理想的缺陷。首先，事实上他们的风格缺乏与尼采的思想**不可分割**的活力。分析哲学作为一种传统，依赖于风格和内容之间的分离——不管是否是有意识地、明确地分离。内容是哲学本身所包含的物质，而风格则是一种媒介，当它完全不被认为是种风格的时候，它的效果则是最好的——它必须像一扇干净的窗户，完全清晰透明，你可以通过它来观察内容，没有杂质。这也取决于将哲学从所有其他形式的写作、思考和交流中分离出来。毕竟，在人类交流的许多其他领域，清晰和透明在本质上是不被重视的。例如，当喜剧演员不断掰开了揉碎了地解释一个笑话时，这个笑话就不再有趣了。为什么认为哲学不能有同等的情况呢？以严格定义每个术语并将其置于逻辑序列的形式中的方式重新表述尼采格言就是破坏、污损、破坏格言。分析哲学当然可以承认这种模糊性的存在甚至是其价值，但它不能**执行**它，而尼采的哲学在某种程度上是一种执行问题。

譬如去说服、劝说某人从事某种行动的行为。如果一个人故意不透明——如果他建议和暗示，把事情留给人们想象，鼓励人们期待惊喜，那么说服会变得更加有效。而哲学难道不是一个说服的问题吗？当然，人们可以说分析哲学家关心说服力，只是他们相信分析型风格是最具说服力的。但这只有在他们的目标受众是其他分析型哲学家的情况下才是真的。受众有限是没有错的，至少应该承认这一点。相反，许多分析哲学家会把他们的内容呈现为普遍的，普遍解决的，普遍适用的。将尼采的风格与他的哲学分开是不可能的，因为他的风格表达了他思想背后的情感；它不仅揭示了他是谁，而且揭示了他在向谁讲话，以及怎样讲话；它表达了生活的理想。另一方面，分析哲学家将风格简化为严谨和透明取决于拒绝向世界开放哲学，拒绝考虑（或至少选择）一个人正在解决的问题；它依赖于放弃实际目标和自我。

4

将上述学术哲学的问题完全归咎于个别学者是错误的，

这不是我的本意。他们中的许多人都意识到了这些问题，并且自己也**深受其害**。有无数有才华的人放弃了学术哲学，因为它把他们逼到了一个角落，或者他们的哲学兴趣被"不出版，便出局"①（"Publish or perish"）的必要性所破坏。很能说明问题的是，在学术界之外成为过去十年最有影响力的思想家之一的马克·费舍尔（Mark Fisher）总是觉得在学术界格格不入，"在经历了读博的痛苦经历之后"[5]，他开设了一个博客，以重新获得对写作的兴趣。

学术界的问题在很大程度上是智力分工的必然结果，它避开了所有试图从太高的地方看问题或捕捉太宽的视角的哲学家；这种分工迫使学者们专攻**面包屑**——而在咀嚼面包屑的过程中从未产生过任何启发。"不出版，便出局"的原则甚至常常阻止学者们为了真理的意志而写作，更不用说为了生活而写作；人们被迫写作只是为了养活主宰我们的学术机器，而留给我们的东西却越来越少。很明显，当反学术的哲学家（如叔本华和尼采）也被加工成在学术界之外经常找不到听众的学术成果时，问题就出现了。学术哲学变成了一个自我强化的系统，没有什么可以逃脱，也没有什么可以进入。如此多的流行观点在其中看到了无用或低劣的东西，这有什么奇怪的呢？即使是最热衷于智

---

① "Publish or perish"源自于美国学术界尤其是研究型大学里的一句俗语，意思是搞学术研究的人，必须快速而持续地发表自己的研究论文，以便能够留在学术界或者能走得更远，因为发表论文是一个研究人员获取职位晋升、争取更多研究资源、赢得学术荣誉乃至学术大奖的最重要的途径和手段。这句话也逐渐在中国学术圈流行开来。

慧的人也会被学术界说服而放弃它。

这就是为什么许多优秀的哲学家，很多都来自学术界之外，包括马克思和尼采。马克思被学术界拒绝，因为他的政治观点过于激进，反而在学术界**之外**找到了实现哲学的线索。尼采是濒临灭绝的语言学领域的教授，对该领域来说，他太过冒险，不够踌躇满志，而学术哲学的职位则认为他太过古怪，专业知识储备不够丰富。但不适合学术界的结果是什么呢？尼采不仅比认为他有缺陷的学术界活得更久，而且他还达到了这个学术界从未达到的高度。马克思也达到了大多数学术性政治理论家和经济学家做梦都达不到的全球政治影响水平。

存在的破碎与资本主义条件下社会化的片面性特征使人们倾向于关注进入他们生活的具体要素——一个人、一份工作、一个地方——而忽略了它们之间的关系，并因此也忽视了从这些关系中产生出来的关系范式——阶级、阶级斗争、异化及其他。最近，社会科学强化了这一趋势，它将人类知识的整体打破，使之成为相互竞争的学科的专业知识，每个学科都有自己独特的语言，并几乎排他性地研究那些允许用统计学方法处理的狭窄领域。在这个过程中，资本主义这个对人们生活的影响在不断增强的最大关系范式，实际上已经变得看不见了。

——伯特尔·奥尔曼《辩证法的舞蹈——马克思

方法的步骤》[6]

伯特尔·奥尔曼所描述的问题有时被称作"知识—无知悖论"，其中专业知识的增长伴随着无知同时增加。专业化可能是必要的，但如果每个人都是专家，谁来研究整体？谁来确定所有专业知识都被限制在其中的整体？现代性的讽刺之一是，现代学术学者往往最不愿承认现代的状况。

因为马克思和尼采不受学术分工的束缚，他们能够从相互联系、相互依存的关系中看待事物，甚至超越学科的事物——总之，他们能够寻求**整体性**；他们能够将整体性置于历史发展、持续趋势、事物的变化和方向中，产生了迄今为止对现代性最重要和最有影响力的两种描述。

鉴于他们不服从学术惯例，他们不仅为其他哲学家、政治理论家或经济学家写作，还为语言学家写作。他们超越了这些信念，他们为**现代人**写作。只有这样，他们才能影响从哲学社会科学到文化艺术的方方面面。

他们的理论叙述并非仅仅为了理论而发展——其中包含对未来的预期，人类可能在其中扮演的角色，甚至是为之而战的武器。毫无疑问，马克思走得最远。他认为**批判的武器**当然不能代替**武器的批判**，并且在揭示了正在进行的社会发展以及用于压制或加速它们的武器之后，他接着在实践中实现了这些武器。尽管马克思主义最终或许被吸收或许被运用，尽管它转变为一种意识形态，尽管它被反革命滥用，但马克思在死后展示了理论**成为**实践、服务于生活的意义，当时全球成千上万的工人受马克思的影响和启发，在历史上第一次全球革命浪潮（1917—1923）的过程中，使整个地球的统治阶级为之颤抖。当德国在军事失败的情况下试图继续战争时，正是士兵和工人的起义和自发组织决定性地迫使它投降，结束了第一次世界大战。

当然，以马克思在20世纪工人运动中所达到的影响力标准来要求学术界是不公平的，但关键是，围绕真理的意志建立起来的学术界在**结构上无法产生这样的影响**①。

一旦资本主义被推翻，革命的先例将不会来自枯燥的学术；此外，克服资本主义需要克服分工和与之有关的学术研究。当然，不是说后资本主义社会的人们不再思考、阅读、学习或研究——他们会做所有这些事情，只是带着更大的兴趣和快乐，因为，他们不再被控制在当今的制度结构中，不再是作为一个被称为"学者"的独特类别，而是作为人参与这些活动。

5

那些从真理的意志的角度来理解科学的人几乎把它看作是一种脱离实体的东西，与人类的其他生活分开，仿佛占据了它自己的领域。但今天主要推动和指导科学的并不

---

① 作为一种反驳，人们可以举出1968年法国的起义，这些起义是由学生抗议和占领引发的。然而，他们恰恰成功地抵制了现有的制度结构，挑战了学术分工，并以自决的方式占领了学校。——作者注

是真理意志，它充其量只是一个副产品。人们应该记住，科学是一种社会活动，**像所有人类事务一样嵌入社会的其他方面**。即使是像几何学这样古老而基本的东西，柏拉图把它看作是超感官的、另一个世界的知识的主要例子，事实上也是由于明确的社会、实际需要和财产关系而发展起来的——它出现在古埃及，用于测量和保护洪水后的农田所有权布局。现代科学在资源和资本方面需要资金，正因为如此，其与资本主义的发展史密不可分。热力学研究离不开工业资本主义的兴起，也离不开蒸汽机在生产中的作用，正如量子物理学离不开量子计算在信息时代资本主义中的作用。换句话说，科学是人的力量，是人体像锤子一样的延伸，因此必然嵌入生活中。"**工业**，"马克思写道，"是自然界对人，因而也是自然科学对人的现实的历史关系。"它是"人的**本质力量**的公开的展示"[7]。

这并不意味着人们应该不信任科学，但是，认识到它是一种人类的力量，人们应该问**谁在操纵它**。很明显，那些仍在挨饿的人，那些缺乏住房、卫生设施或清洁水的人，虽然已经取得了能够解决这些问题的科学进展，但他们并没有掌握这种力量。它也不是由科学家们自己掌握的，因为如果没有为他们提供这种科学手段的资本，他们就什么都不是。相反，是**资本**在操纵着科学。科学是一种人类的力量，它已经与人类疏远和隔阂。正是由于资本的支配，它今天才获得了与人类社会其他部分相分离的东西的外观，科学是一块巨石，完全属于自己的领域。

相反，如果我们承认科学是人类力量的体现，那么"自然界的人的本质，或者人的自然的本质"也就可以理解了。如果我们把科学从资本中解救出来，在人的基础上重新占有它，即把它置于人的控制之下，那么"自然科学将抛弃它的抽象物质的方向，或者更确切地说，是抛弃唯心主义方向，从而成为**人的科学**的基础，正像它现在已经——尽管以异化的形式——成了真正的人的生活的基础一样；说生活还有别的什么基础，**科学**还有别的什么基础——这根本就是谎言"[8]。尼采预见到了同样的发展，在这种发展中，科学将失去其非人的和抽象的特征，"我们要在科学的思考中加进艺术力量和生活的实践智慧，形成一种比我们现在所熟悉的由学者、医生和立法者这些老古董组成的有机体系统更高的有机系统。"[9]

注释：

1. Friedrich Nietzsche, Letter to Franz Overbeck, July 30th, in Julian Young, *Friedrich Nietzsche: A Philosophical Biography.* Cambridge：Cambridge University Press. 2010, p. 319.

2. Willard Van OrmanQuine, "Has Philosophy Lost Contact with People?", *Theories and Things*, Cambridge：Harvard University Press, 1981, p. 193.

3. 同上。

4. ［德］弗里德里希·尼采：《道德的谱系》，梁锡江译，上海：华东师范大学出版社 2007 年版，第 230—231 页。

5. Mark Fisher, "They can be Different in the Future too: Interviewed by Rowan Wilson for Ready Steady Book", in Darren Ambrose (ed.) *K-punk: The Collected and Unpublished Writings of Mark Fisher*, London: Repeater Books, p. 627.

6. [美] 伯特尔·奥尔曼:《辩证法的舞蹈——马克思方法的步骤》,田世锭、何霜梅译,北京:高等教育出版社 2006 年版,第 4 页。

7. 马克思、恩格斯:《马克思恩格斯文集》第一卷,北京:人民出版社 2009 年版,第 193 页。

8. 马克思、恩格斯:《马克思恩格斯文集》第一卷,北京:人民出版社 2009 年版,第 193 页。

9. [德] 弗里德里希·尼采:《快乐的科学》,黄明嘉译,桂林:漓江出版社 2000 年版,第 248 页。

（三）道德

1

> 该书（《论道德的谱系·善恶的彼岸》，1886 年）从根本上讲是对现代的批判，包括现代科学、现代艺术甚至现代政治，同时提出与他们对立的类型。他要尽可能地摩登，他是这种高贵而肯定的人。
>
> ——尼采《看哪这人：尼采自述》[1]

在我们这个时代，每一种事物好像都包含有自己的反面。我们看到，机器具有减少人类劳动和使劳动更有成效的神奇力量，然而却引起了饥饿和过度的疲劳。新发现的财富的源泉，由于某种奇怪的、不可思议的魔力而变成贫困的根源。技术的胜利，似乎是以道德的败坏为代价换来的。

　　随着人类愈益控制自然，个人却似乎愈益成为别人的奴隶或自身的卑劣行为的奴隶。甚至科学的纯洁光辉仿佛也只能在愚昧无知的黑暗背景上闪耀。我们的一切发现和进步，似乎结果是使物质力量具有理智生命，而人的生命则化为愚钝的物质力量。

　　　　　　——马克思《在〈人民报〉创刊纪念会上的演说》[2]

　　哲学，就像生活一样，必须得到定位，因为在这一刻，我们都处于"现代世界"之中，所以今天的哲学必须解决现代性的问题。这并不是说所有哲学都必须同等地关注现代性，关注其社会、政治和经济条件，但忽视它们必然会在自我理解上留下空白（试图理解当代哲学而不参考现代性的社会事实，就像试图理解中世纪西方哲学而不参考中世纪基督教的社会力量一样徒劳无功）。马克思和尼采是**卓越**的现代性批评家——这是他们之所以声名显赫的众多原因之一。他们的政治哲学方法与柏拉图或约翰·罗尔斯①（John Rawls）的方法完全不同——后者试图超越时间和地点，超越历史，试图发现永恒和绝对的社会规律或理想。相反，尼采和马克思总是从内在实践的角度来挖掘、审视社会症状并深入现代社会状况的深处——他们意识到**思想本身**是如何被分析的条件所塑造的。他们对确定一个永恒

---

　　① 约翰·罗尔斯（John Bordley Rawls, 1921—2002 年），美国政治哲学家、伦理学家，普林斯顿大学哲学博士，哈佛大学教授，著有《正义论》《政治自由主义》《作为公平的正义：正义新论》《万民法》等作品。

的跨历史领域或为理想社会设计蓝图没有兴趣。他们从现代性中生长出来，抓住了它，也将战胜它。马克思和尼采的读者的最终目标是通过克服现代性来克服它们，使它们过时。这需要拒绝将它们简化为学术活动，要在**实践**中实现它们。如果尼采的哲学不是一种提振生活的手段，那也算不上什么，而如果马克思的哲学不是试图将理论转化为物质力量，那也算不上什么。

2

但什么是现代性？它通常被描述为尼采所说的"上帝已死"，这不是一个神学命题，甚至也不是一个关于一般宗教的命题，而是一个宣言，即西方世界不再有一个元叙事，一个创始神话，一个包罗万象的故事——通过它们可以理解自身并赋予其存在的意义。因此，现代人的自我理解是不确定的、不安全的，较少嵌入文化实践中。其他人将现代性描述为对各种先前存在的国家和传统边界的超越。人们还可以指出大众社会、工业和现代科学的出现，社会日益合理化和商业化，以及随之而来的社会原子化。所有这些特征不可否认地指向正确的东西，但我想强调这些特征背后的一些东西，比它们更普遍——我定义的现代性由三个要素组成，马克思和尼采都认为这些要素对他们分析的条件至关重要。

首先，现代性的特点是，人类自己的创造物拥有一种我们无法控制的力量，独立于任何特定的个人或个人群体，并作为一种外部力量与我们对抗、支配着我们；正如资本之于马克思，禁欲理想之于尼采。

资本在一开始不断集聚、扩张。它诱使所有资本家听从市场的指令，否则将面临破产和被逐出市场的痛苦。资本作为金融投资，**本质上**是为了追求利润最大化。公司之所以能够成功，是因为他们将利润最大化置于所有其他关注点之上——他们的整个设置都是为此目的而建立的。即使一位圣洁的首席执行官（CEO）突然决定放弃对利润最大化的担忧，并以某种方式成功地优先考虑了道德问题，尽管所有股东和投资者都参与其中，但该公司在世界市场上的地位也会直线下降，直到被竞争、倒闭或被收购。其他公司会迅速取代其位置。因此，说资本家决定我们社会生活的命运并不完全正确——是**资本**决定，而资本家只是它的个体代理人，原则上可以像工人一样被替换和处置。即使是最贪婪的石油大亨也不希望发生气候灾难，但资本的社会关系却违背了所有理性的规划和控制，甚至不惜威胁到人类的生命。不是人控制资本，而是资本控制人。正如《共产党宣言》所言，资产阶级社会"现在像一个魔法师一样不能再支配自己用法术呼唤出来的魔鬼了"[3]。这就是为什么现代性与人类自我破坏相联系的原因：核战争和灾难性气候变化等现象是我们受到自身力量威胁的最典型的案例，这些力量被我们自己的创造主宰着。因此，随着新冠病毒大流行导致安全监管需求与经济需求之间的冲突，资本明确地表现为要求人类牺牲的愤怒的上帝，呼吁将尸体堆积在高处，以应对无尽的饥饿。

尼采所分析的禁欲理想也具有同样的特点。在这里，最初是为了社会效用而建立的习惯规范，以及牧师作为行使权力的一种方式传播的道德理想，都变得模糊和升华了。祭司理想被现代人**内化**，忘记了自己的起源和功能，获得了永恒和绝对的特征。禁欲理想的发展首先是因为在日益紧密的社会中，人们必须表现出为了社会稳定与合作所需要的自我控制和心理约束。但随着内疚和罪的概念的出现，自律和克己开始被追求为自己的利益，这是人们作为罪人**应得**的东西。禁欲主义的理想发展成为一种独立于社会效用的东西，甚至独立于那些提倡它的人的利益；它被嵌入到对象的内部，奠定了它的自我概念。掩盖了整个文化，它被体验为超越了物质世界。确实，从某种意义上说，禁欲理想甚至**变得**超然，因为它的效力不再依赖于积极的祭司或教化阶层，而是获得了一种独立的、非个人的力量的形式。这意味着什么呢？今天的每个人，无论多么世俗化，都会受到内疚感和罪恶感的影响，受到对自己和他人进行道德化的驱动力的污染。

换句话说，资本主义和禁欲主义的理想，尽管是人类的创造，但却**不顾**人类的利益，与人类**对抗**。尽管是人类的创造，但却不顾他们的感受，与他们作对，反对人的生命本身，不断阻止它的享受和证实。与其说工业是人类力量的延伸，不如说是人类变成了工业力量的延伸。而人的力量就这样变成了从属于禁欲主义的自我否定。

第二，现代性的特点是**手段和目的**的颠倒。打工者一生中绝大部分时间都在从事他们认为没有内在价值的活动，而这些活动只是作为一种手段，只是**工具性**的追求。正如马克思所写的，"他们同生产力并同他们自身的存在还保持着的唯一联系，即劳动，在他们那里已经失去了任何自主活动的假象，而且只能用摧残生命的方式来维持他们的生命。……以致物质生活一般都表现为目的，而这种物质生活的生产即劳动（劳动现在是自主活动的唯一可能的形式，然而正如我们看到的，也是自主活动的否定形式）则表现为手段。"[4] 或者，更简单地说，"生活本身仅仅表现为**生活的手段**。"[5] 同样，尼采所分析的禁欲主义理想也只是通过贬低生活，使人们成为有罪的罪人来给人们以意义，从而使人类寻求权力只是作为实现禁欲主义理想的一种手段；尼采对"所有哲学—道德主义的宇宙观和神学，以及迄今为止哲学和神学中的**所有理由和最高价值**"提出了这种反对意见："一种手段被误解为目的了：而生命及其权力提高反而被贬抑为手段了。"[6] 自律可以是一种克服自我和增强能力的强大工具，但禁欲主义理想通过全社会的虚无主义，将其转化为目的本身，以至于人们被教导要为了它而自我鞭笞。道德最初是作为组织有效和成功的社区生活的一套习惯规则而发展起来的，后来被迷信为拥有自己的力量（就像商品一样），甚至在它变得积极**有害**时也被坚持。相反，权力、生命和它的强化，本应该作为自身的价值而被寻找，现在却被诋毁，被剥夺了价值，只有在它们赋予与人类相反的力量——抽象道德的要求——的时候才会被赞美。

资本最初是作为生产商品的**手段**，发展到**自身成为目的**，使生产成为资本积累的单纯手段。同样，道德和苦行，最初是保存和提高生命的一种**手段**，本身就变成了目的，以至于生命的提高，力量的增长，变成了服从道德法则的一种手段。苦行主义理想的最终结果是虚无主义的兴起，其中生命本身似乎只是**死亡的手段**。资本主义在经济表现上也是同样的虚无主义——马克思写道，资本是"死劳动，它像吸血鬼一样，只有吮吸活劳动才有生命，吮吸的活劳动越多，它的生命就越旺盛"[7]。活人服从于死亡。资本主义是一种死亡系统，正如虚无主义是一种死亡世界观一样。

最后，由于前两个要素，现代性呈现出某种阴暗而短暂的特征。支配我们的力量，尽管力量巨大，但从来都不是具体的、可见的、有形的——我们生活在它们抽象支配的阴影下。我们的活动在很大程度上是工具性的，但我们被制造成工具的目的似乎从未出现，就好像我们一生都在追逐一个鬼魂——某种幸福的幻影、满足感，某种东西的影子，这一次，本身就是有价值的。现代性感觉像是一个永久的过渡，但它所过渡到的只是另一个自我延续的循环。马克思和尼采之所以重要，是因为他们非常彻底地解释了这种社会状况是如何成为可能。

现代性的许多发展完全可以用**令人失望**来形容。令人失望，是因为它的真正后果没有达到它最具革命性的希望。

迅速的变革消灭了旧有的反动形式，使人们有希望在此基础上重新建立自己的世界，但结果却暴露了新的征服和剥削形式。本意是最终将人类置于社会生活的中心，但最终却形成了一种新的支配力量。自我否定、自我鞭笞和放弃的要求，本来是要从生活中解脱出来的，但经过修正后又回来了，变得世俗化，失去了活力，却同样普遍存在。就好像现代性在本质上是一个死胎——它最有希望的承诺在被完全提出来之前就被打破了。尼采本人强调了自由主义和为自由主义**而战**之间的区别。最初催生出的现代制度的事件确实具有解放的意义，但其产物最终阻碍了其母体的革命精神。

3

每一个识别全社会状况的哲学家本身都必须被解读为这种状况的症状。否认这一点需要一个天真的假设，即一个思想家可以站在社会之外，无动于衷地观察社会，就像通过上帝之眼的视角一样（这就是许多马克思列宁主义政党做的事情，它们作为真理的仲裁者和守望者，将其带给无知的大众）。尼采的思想只有作为虚无主义的症状之一才有意义，马克思的思想作为资本主义的症状之一才有意义（而且每一个人也应该通过其他人的认定条件来阅读——马克思作为虚无主义的症状，尼采作为资本主义的症状）。这并不意味着它们是被动的症状，没有自己的力量。在他们最好的情况下，他们反对使他们的存在成为可能的实体。

尼采意识到他自己是如何经常被他所攻击的虚无主义的要素所控制——道德化、复仇、怨恨、禁欲主义。人们不能指望他单独从文化上无所不在的现象中挣脱出来，尤其是当他这个牧师的儿子原本打算成为一名传教士（"小牧师"是他童年时的绰号）。例如，尽管他做出了努力，但他还是无法克服对他妹妹的怨恨。一次她参与破坏了尼采最亲密的两段友谊，他在信中这样写道："她扼杀了我最好的克服自我的成功：因此，最后我成了无情的复仇欲望的受害者，而恰恰是我内心深处的思维模式拒绝了所有的复仇和惩罚。"[8] 他能承认这一点，说明尼采有特殊的自我认知能力；他对自己的心理分析就像分析别人的一样。这就是为什么他甚至意识到自己与女性关系的病态性质。在《善恶之彼岸》中，就在关于女性的社会倒退这一章节之前，尼采写道：

例如，对于男人和女人，一位思想家不能重新学习，而只能充分地学习，只能在最后发现，在他那里，他们中的什么东西"确定着"。人们在某些时候找到对问题的某些解答，而后者恰恰成了我们的强有力的信仰；也许人们今后称之为自己的信念。以后——人们在它们之中只看到自我认识的足迹，我们所存在的问题的路标，更正确地说，我们的存在的伟大的愚蠢的路标，我们的精神的命运的路标，完全"在这下面"的不可言传身教的东西的路标。——借这些恭维话的光，就像是我对自己所说的恭维话，也许宁可说已经允许我对**"女人本身"**① 说出一些真理，假定人们从一开始就已经知道，这在什么程度上恰好只是——**我的真理**。⁹

这段出色的自我审视之所以出现在关于女性的章节之前，是有明确原因的。尼采在一个女性家庭中长大，与母亲和姐姐的关系极为紧张，而且没有成功的爱情生活。他在介绍关于女性的段落时，完全是针对**他自己**的，以"［他］对［自己］的丰富的礼貌"作为前言，将其置于关于信仰的顽固不可改变性的更普遍的观点中，这构成了"我们的愚蠢"。有鉴于此，人们怎么可能没注意到这一节的忏悔性质？这个例子不仅显示了尼采在心理学风格上的天赋，而且还显示了他对哲学惯例的违抗所带来的不可思议的曲折。

4

另一方面，人们在阅读激进思想家时，一般会犯一个错误，就是把他们的思想或理想与他们所批评的对象等同起来。因此，尼采被说成是虚无主义的，尽管他是虚无主义的最大反对者，仅仅是因为**他分析的社会**是虚无主义的。

---

① "女人本身"或"这样的女人"。康德"物自体"的形而上学概念的一种变体，它指的是一个独立于任何观察者而存在的实体。应该注意的是，尼采并没有声称要谈论"女性"，而是一种看似形而上学或抽象的"女性本身"概念，这是对康德概念的一种发挥，尼采在其他地方将其斥为不可能。——作者注

同样，马克思被说成是整体化的，仅仅是因为**他分析的生产方式**是整体化的。就好像揭露社会中令人不快的秘密是一种犯罪，以至于揭露这些秘密的人被指责为犯罪，就像浪漫的伴侣被指责为太多管闲事，因为他们发现他们的另一半是不忠的。有时，马克思被指责把一切都归结为经济；但这样做的不是马克思，而是资本主义！正是因为马克思发现这种状况令人厌恶，他才将其赤裸裸地揭示出来，以鼓励人们为摧毁它而斗争。20 世纪下半叶及以后的许多理论家相信，通过抛开他们认为是总体化和陈旧的马克思主义的思想范畴，他们可以释放出自由、创造和变革的新潜力，但在许多情况下，他们却在不知不觉中成为市场的仆人。逃避理解某物的理论范畴，并不一定是要逃避这些范畴所分析的对象。一种社会状况需要有足够的理论工具来面对它。

5

马克思和尼采既不是算命先生，也不是预言家——他们不是什么都对。然而，他们在现代性中确定的两个主要趋势，在很大程度上仍然保持着他们的特征。马克思预言，只要资本存在，它就会无限地积累，落入越来越少的人手中，相应地，生产力的无止境增长将与不断增长的财富不平等并肩飞升。尼采预言，人类将继续趋于平庸，成为面目模糊的群体，失去任何崇高感，文化也将相应地退化为最低的共同标准。他们对这两种指导性趋势的看法从根本上说是正确的，不是因为有什么超自然的千里眼能力，而是因为他们通过分析，正确地把握了他们在自己的一生中看到的运动。与当时的其他思想家相比，他们的重要优势是认识到了各自的分析对象是历史性的东西，而不是通过永恒的规律表现出来的，他们把它看作是**运动中的过程**，而不是要展现出来的静态事实的集合。马克思将古典经济学家视为永恒的经济范畴历史化，而尼采则将道德哲学家和神学家视为永恒的道德/心理范畴历史化。

重要的是要认识到，这些倾向——马克思的经济倾向和尼采的文化倾向——确实是个单一的、全面的过程——现代化过程的一部分。这两种趋势相互缠绕，相互支持，相互加强。任何挑战一个而不挑战另一个的尝试都是无能为力的，充其量也只是昙花一现。两者之间的联系太过紧密，无法解开——唯一的解决办法是同时切断两者。

如果把这两种趋势之间的联系理解为"基础"和"上层建筑"之间僵化的单向关系，就很容易把尼采的意义降到最低。马克思所确定的倾向是在基础中发现的，即一个特定社会所建立的经济和生产关系。上层建筑，即尼采所研究的领域，只是次要的东西——作为特定基础的结果而产生的文化、政治、理论、美学和神学因素。马克思在1859年为《政治经济学批判》撰写的序言中提出了经济基础—上层建筑的区别，但没有被理解为单向关系，也没有被表述为绝对的社会规律。由于反复和不经意的解释，这种区分变得粗糙，成为马克思列宁主义教条的核心信条之一，斯大林称其为"历史唯物主义的本质"。[10]

随着这种区分变得固定、僵化并且以马克思从未预想过的方式被夸张变形，它开始为许多粗糙的马克思主义分析提供便利，并为反马克思主义者提供了一个非常容易达到的目标，他们可以借此将马克思主义社会理论进行幼稚的简化的理论。在马克思去世后，恩格斯不得不纠正这种歪曲：

青年们有时过分看重经济方面，这有一部分是马克思和我应当负责的。我们在反驳我们的论敌时，常常不得不强调被他们否认的主要原则，并且不是始终都有时间、地点和机会来给其他参与相互作用的因素以应有的重视。但是，只要问题一关系到描述某个历史时期，即关系到实际的应用时，那情况就不同了，这里就不容许有任何错误了。可惜人们往往以为，只要掌握了主要原理——而且还并不总是掌握得正确，那就算已经充分地理解了新理论并且立刻就能够应用它了。在这方面，我不能不责备许多最新的"马克思主义者"，他们也的确造成过惊人的混乱……[11]

马克思和恩格斯对社会现象的复杂性并非一无所知。恩格斯写道，在每一个历史事件中，都"有无数互相交错的力量，有无数个力的平行四边形"[12]。然而，在最糟糕的情况下，基础上层建筑的区分变成了一个反辩证法的原则，导致人们相信，这两个领域之间的关系，已经是相互对立的，而不是相等的。有些人把这种区分解读为上层建筑是表象的，即由基础造成的，但不具备自己的因果能力。根据这种粗略的解读（许多马克思主义者仍然采用这种解读），像尼采这样的文化分析没有革命意义，因为它们只是对本身没有因果的力的症状的分析。然而，明显的问题是，在这种解读中，马克思的理论作品也将是上层建筑的一部分，因此在影响基层方面没有任何意义。

正如马克思所指出的，"理论一经掌握群众，也会变成物质力量"[13]。虽然资本主义经济关系确实造成了尼采所分析的那种文化症状，但我们不能忘记，这些文化症状本身也有因果力量，而且本身也有助于维持资本主义的基础。克服现代性不仅需要了解它的经济条件和如何推翻它们；还需要意志力、变革的激情、创造价值的能力，最后是对自己作为潜力尚未展现出来的存在的认识——如果没有这些因素，任何革命都不会开始，更不会成功，而尼采的理论正是针对这种需求。1879 年对莱比锡工人图书馆的调查报告显示，工人们借阅尼采作品的频率远远高于他们借阅马克思、拉萨尔①和倍倍尔②的

① 斐迪南·拉萨尔（Ferdinand Lassalle, 1825—1864 年），德国工人运动中的机会主义代表，1848—1849 年革命的参加者，此后同马克思和恩格斯结识；全德工人联合会创始人之一和主席（1863）；写有古典古代哲学史和法学史方面的著作。

② 奥古斯特·倍倍尔（August Bebel, 1840—1913 年），德国工人运动和国际工人运动的活动家，职业是旋工；德国工人协会联合会创始人之一，1867 年起为主席；第一国际会员，1867 年起为国会议员，1869 年是德国社会民主党创始人和领袖之一，《社会民主党人报》创办人之一；曾进行反对拉萨尔派的斗争，普法战争时期站在无产阶级国际主义立场，捍卫巴黎公社；1889 年、1891 年和 1893 年国际社会主义工人代表大会代表；第二国际的活动家，在 19 世纪 90 年代和 20 世纪初反对改良主义和修正主义；马克思和恩格斯的朋友和战友。

作品的频率[14]。从 1918—1919 年的德国革命，到俄国革命，再到 1968 年 5 月的法国起义，在所有这些革命时刻，尼采的哲学都发挥了明显的作用。揭示这一点绝不是一项单纯的学术活动。

6

到目前为止，我一直在讨论社会主义者应该求助于尼采的原因。但是，尼采主义者从转向社会主义可以得到什么？无论在尼采的思想中可以发现多少模棱两可和矛盾之处，大多数读者至少可以承认以下陈述的真实性：1. 尼采渴望改造世界；2. 他所设想的改造与商业和国家的冷酷抽象相悖；3. 这种转变的最终结果将是新发现的**人类**（或**超人**）对地球的控制（"让超人**就是**大地的意思吧！"[15]）。

资本已经完全殖民了全球——地球上没有一个地方可以不受资本主义社会关系的影响。此外，资本主义内部没有任何机制可以降低其影响力。这种影响是普遍的、无限增长的，没有任何阶级和民族能独立于它。只要认识到这一点，就必须意识到，如果不解决资本问题，尼采改造世界的梦想就不会实现。此外，考虑到资本主义运作的发展阶段，解决资本问题的唯一方法就是**摧毁**它。没有任何手段可以缓和或限制资本，除非那些旨在摧毁它的方法。

资本既不能被国家毁灭，也不能被它自己毁灭。它只能被那个使之成为可能但同时又在其机制下**受苦**的阶级

（这个阶级不会因为它的积累而变得更富有），一个被资本征服但也能够组织自己的阶级来摧毁它。一个愿意摧毁它的主体即是工人阶级。而且由于资本是全球性和普遍性的，因此它只能受到全球性和普遍性的工人阶级的挑战，与资本本身一样不受民族主义和小沙文主义的影响。

如果这样的挑战要成功，它就必须通过否定资本来创造肯定的东西，这意味着否定它的基础——私有财产和雇佣劳动。这种肯定的创造会是什么？如果不是一个以人类为基础，按照人类的需要、兴趣、愿望和价值观进行规划的社会，那就什么都不是。社会化的人性；简而言之，社会主义。只要尼采主义者理解并承认资本的本质，关于世界转型的基本选择就很简单：要么允许资本按原样运行，直到它以某种灾难性的方式自毁（例如，屈服于气候灾难），要么人们用一种与资本本身一样广泛而强大的社会力量来反对资本。

只要尼采有后见之明，并介绍给合适的马克思主义者，他就会同意这个结论吗？也许不会，这不是我的观点，这只是一种猜测。尼采的作品缺乏明确的政治纲领，因为他认为现代政治本身是虚无主义的；因为他追寻超越政治的世界。我的呼吁不是针对一个成为马克思主义者的假想的尼采，而是今天活着的尼采们，他们比尼采更清楚地认识到了资本的支配性倾向及其全球破坏性力量的影响程度。我们的挑战是在尼采主义中注入政治内容，确定一个旨在最终**废除**政治的政治方案的可能性，一个将虚无主义的产物与虚无主义本身对立起来的方案。今天，这是避免尼采哲学沦为单纯的学术活动或流行文化趋势的唯一途径；这是赋予尼采思想以物质力量的唯一途径——而没有物质力量的对立的、颠覆性的哲学可能还不如不存在。

我们的社会主义会像苏联那样吗？不，它甚至不是苏联制度的变种，也不是它的改良，更不是**任何**单纯的量的变化；它将是一个**绝对**不同的社会。如果我们按照马克思自己对资本的分析，苏联是明显的资本主义经济，包含所有资本主义的基本社会关系：资本、工资劳动、商品生产。商品生产意味着产品是为了交换而制造的，因此，生产是为了利润而不是需求而进行的。为了达成这个目标，利润必须超过投资，换言之，必须积累资本。资本积累的方式是雇佣工人，他们别无选择，只能出卖自己的劳动力，并尽可能多地从他们的劳动中榨取剩余价值；这意味着，降低工资、增加工时、强化工作被默认为系统性的激励，工人被疏远于他们的活动及其产品。这是一个生产系统，其标准是租借人类。根据定义，这就是资本主义。我们必须理解马克思分析的激进性质，它寻求的不是定义**这个或那个**资本主义，不是特定历史阶段或特定变化的资本主义，而是资本主义**本身**，在其最基本的、决定性的运作中，独立于所有可能的改革和规定。我们的社会主义寻求消除这些基本操作中的每一个，任何不符合这一点的东西都是不充分的；我希望这项工作不仅能提出这样一种社会主义的人类特征，而且能激发走向其实现所需的创造意愿。

7

现代性在使我们的处境、有限性和历史决定的性质变得前所未有的明确的同时，也矛盾地使一种特殊的普遍性成为可能。资本的全球化趋势第一次在整个地球上产生了一个共同的社会背景——资本主义社会关系无论是对于服务员或是农村农民、带货博主或工厂工人、股东或乞丐来说都是不可避免的。尽管所有这些人在社会关系网络中所占据的位置不可否认地不同，但他们都生活在一个金钱、商品、雇佣劳动和资本已经渗透到**一切**的世界中，作为不可避免的生活事实进行统治，独立于他们的个人意志。我们都生活在这种渗透的社会影响和结果之下，根据它的手段和要求，要不然我们根本就没有生活。

有什么东西存在于这些社会条件之外吗？很难说。即使是宇宙也越来越被资本所殖民，除了通过这些相同的社会关系所提供的手段，没有人可以访问或探索它。除非它是存在于我们的幻想和想象中的"宇宙"。也许幻想可以给逃避现实的人带来一些安慰，但人们不应该抱有任何幻想：我们的幻想**也**被资本殖民了——它们并不是来自天堂。

无论在现代性出现之前存在什么样的全球共享背景，**我们**的共享社会背景都是独一无二的，因为它是人类制造的（虽然不能说是有意识的计划），也可以，甚至必须由我们来改造。以前从来没有一种由人类行为引起的情况有如此大的范围，对如此多的人有如此共同的影响，或者有如此改变世界的效果和潜力。这是不可避免的：现代性要么毁灭人类，要么人类在普遍范围内克服它。好消息是，这种克服的可能性的条件是由现代性本身创造的；在摧毁所有曾经被视为神圣的东西，融化所有坚固的东西的同时，资本主义也无意中创造了新的普遍统一的基础；就像虚无主义最终导致了所有价值的毁灭，但同时也使那种可以重新导向肯定生命的自律成为可能。资本主义和虚无主义都为其克服自身创造了条件。

8

毫无疑问，良知谴责是一种病，但是，它又是一种如同妊娠的疾病。

——尼采《道德的谱系》[16]

工人阶级不是要实现什么理想，而只是要解放那些由旧的正在崩溃的资产阶级社会本身孕育着的新社会因素。

——马克思《法兰西内战》[17]

正是由于现代性本质上的过渡性特征，马克思和尼采都把它比作孕育—— 一种痛苦的状况，但它的结果是新事物的诞生。劳动也是分娩过程的一个词，这并不是一个巧合——它来自拉丁语，意思是劳作、用力；而总是那些劳作和用力的人分娩出了新的事物。对尼采来说，所有的折磨和苦难都是为了产生内疚感、罪恶感，创造整体的内心生活，既使人变得成熟，又使人变得坚硬，为创造做好准备，就像弓弦被强行拉回，以便使箭可以射得更远。同样，对马克思来说，原始积累、工业化、雇佣劳动的恐怖创造了能够结束所有阶级的阶级——弓弦被拉回——张力为箭的发射做准备。这就是为什么俄国尼采式的马克思主义者斯坦尼斯拉夫·沃尔斯基（Stanislav Volski）写道，无产阶级"只是人类的前言……一种过渡，一种净化之火，未来收获的土壤"[18]。

现代性只能过渡到它自己的自我延续这么久——最终它必须过渡到它自己的毁灭；问题是伴随着这种毁灭的**创造**的特征将是什么。它将是积极的和肯定的，还是被动的、否定的？它是屈服于现代性的破坏性力量，还是将这些力量转向**反对**资本和虚无主义本身？

注释：

1. [德] 弗里德里希·尼采：《看哪这人：尼采自述》，张念东、凌素心译，北京：中央编译出版社 2000 年版，第 126 页。

2. 马克思、恩格斯：《马克思恩格斯文集》第二卷，北京：人民出版社 2009 年版，第 580 页。

3. 马克思、恩格斯：《马克思恩格斯文集》第二卷，北京：人民出版社 2009 年版，第 37 页。

4. 马克思、恩格斯：《马克思恩格斯文集》第一卷，北京：人民出版社 2009 年版，第 580 页。

5. 马克思、恩格斯：《马克思恩格斯文集》第一卷，北京：人民出版社 2009 年版，第 162 页。

6. ［德］弗里德里希·尼采：《权力意志》，孙周兴译，上海：华东师范大学出版社 2007 年版，第 614 页。

7. 马克思、恩格斯：《马克思恩格斯文集》第五卷，北京：人民出版社 2009 年版，第 269 页。

8. Friedrich Nietzsche, *Letter to Franz Overbeck*, August 26th, Julian Young, *Friedrich Nietzsche：A Philosophical Biography.* Cambridge：Cambridge University Press, 2010, p. 363.

9. ［德］弗里德里希·尼采：《论道德的谱系·善恶之彼岸》，谢地坤、宋祖良、程志民译，桂林：漓江出版社 2000 年版，第 250 页。

10. Joseph Stalin, *Dialectical and Historical Materialism*, Dickinson：SAI Press, 2021, Section 3.

11. 马克思、恩格斯：《马克思恩格斯文集》第十卷，北京：人民出版社 2009 年版，第 593—594 页。

12. 马克思、恩格斯：《马克思恩格斯文集》第十卷，北京：人民出版社 2009 年版，第 592 页。

13. 马克思、恩格斯：《马克思恩格斯文集》第一卷，北京：人民出版社 2009 年版，第 11 页。

14. Steven E. Aschheim, "Nietzschean Socialism-Left and Right, 1890–1933", *Journal of Contemporary History*, Vol. 23, No. 2, 1988, p. 151.

15. ［德］弗里德里希·尼采：《查拉图斯特拉如是说》，钱春绮译，北京：生活·读书·新知三联书店 2007 年版，第 7 页。

16. ［德］弗里德里希·尼采：《道德的谱系》，梁锡江译，上海：华东师范大学出版社 2007 年版，第 144 页。

17. 马克思、恩格斯：《马克思恩格斯文集》第三卷，北京：人民出版社 2009 年版，第 159 页。

18. George L. Kline, "Nietzschean Marxism' in Russia", *Demythologizing Marxism*: *A Series of Studies on Marxism*, 1969, p. 173.

二、尼采式社会主义

（一）尼采批判资本主义

1

所有人都知道尼采是反社会主义者，但这并不意味着他拥护资本主义。事实上，在尼采的思想中，我们可以找到**批判**资本主义的内容，尽管其发展得不够充分。在他看来，现代生活主要分为：雇佣工人的劳累和不满足的生活，商人和财产所有者毫无意义的计算生活，以及国家官僚和政治家的不人道和虚伪的生活。对尼采来说，所有这些生存模式都是同样可鄙的，他无法在其中任何一种模式中发现未来社会的潜力。他之所以能够与资产阶级生活保持这样的批判性的距离，他之所以能够在不是社会主义者的情况下对资产阶级生活进行如此精辟的攻击，是因为他没有受到在现代性中运作的那些决定性"类型"的影响。由于他的疾病，他很早就能够离开学术生活，对他来说，学术生活和商业生活一样枯燥，和政治生活一样冷酷。大学发放的养老金让他可以在既不从事雇佣劳动也不从事商业活动的情况下度过余生。这种地位给予尼采特殊的优势：他对现代性进行全面批判所需要的那种孤独的距离；但这也是他的主要**缺点**之一，因为缺乏资产阶级社会的基础，意味着他的取代这个社会的手段也缺乏实质性的基础（这就是为什么在他自我封闭之前的早期作品中，主要是最明确地讨论资产阶级社会的生产关系）。尼采之所以将"贵族"作为他未来的理想，是因为贵族是一种前现代的现象，因此，就像尼采本人一样，既免于劳动也免于商业。"贵族"是尼采提出的超越资本主义的社会政治要素的方式。

与那些将尼采的"**超人**"与现代资本家相提并论的兰德客观主义①信徒（Randian Objectivist）的白痴呓语相反，尼采**鄙视**资本主义——如果我们通过文本证据来看，没有比这更清楚的了。"在所有时代中，我们这个时代最为忙碌，它知道以现有的勤奋和财力将无所进展，故而只能更加勤奋，获取更多的金钱。"[1] 这里指的不是**资本**——为了获得更多的金钱而投资的金钱，而是什么？他描述了"几乎地球上所有的人都仅仅由最粗俗和最邪恶的力量来规定，由逐利者的自私自利和军事独裁者来规定"[2]。"各门科学毫无节制地和极盲目地推行**放任主义**（laisser faire），劈散和

---

① 安·兰德（Ayn Rand，1905—1982 年），俄裔美国人，20 世纪著名的哲学家、小说家和公共知识分子。她的哲学理论和小说开创了客观主义哲学运动，她同时也写下了《源泉》《阿特拉斯耸耸肩》等数本畅销的小说。她的哲学和小说里强调个人主义的概念、理性的利己主义以及彻底自由放任的市场经济。兰德的哲学观与尼采有类似性。

分解一切被坚信的东西；有教养的阶层和国家被一种极为卑鄙的金钱经济所吸引。世界不再是世界，从来没有如此缺乏爱和仁慈过。在这一切世俗化的不安中间，有教养的阶层不再是灯塔和避难所；他们天天变得更加不安、更加没有思想和没有爱。一切都服务于将要到来的野蛮，包括现在的艺术和科学在内。有教养的人蜕化为教养的最大敌人，因为他要用说谎来隐瞒普遍的弊病，对医生们形成妨碍。"[3] 这段话很容易出自马克思之口。尼采正是从他的专业领域——教育和文化的角度，最清楚地感知到了资本主义的腐朽性。因为教育沦为了什么？"（亦即）一种迅捷的教养，以便很快就成为一个会赚钱的角色，而且还是一种如此彻底的教养，以便能够成为一个会赚很多钱的角色。人只被允许有如许文化，如普遍的牟利和世间交往所感兴趣，但也被它要求有如许文化。"[4] 这样的教育培养出的"要么是学者，要么是国家官员或者牟利者或者知识庸人，或者最后常见的是所有这些的一个混合产品被产生出来"[5]。所有这些都是同样可鄙的。现代文化是"商业文化"——"一种社会文化正在形成，商业活动是这种文化的灵魂，正如个人竞赛是古希腊文化的灵魂，战争、胜利和法律是罗马文化的灵魂。……这就是我们这个时代的文化的精神。它细致入微，无孔不入，制约着一切愿望和能力：你们未来世纪的人将会为此感到骄傲，假如商业阶级的先知还能准确无误地将未来的世纪交到你们手上的话！但是，我对这些先知毫无信心。"[6]

资本家会成为文化复兴的变革推动者吗？很难说。"我们现在对于享乐多么反感啊！对那些享乐者、'有教养者'、富翁和统治老爷们，对他们那种粗俗、愚昧的享乐多么厌恶啊！"[7] 我们的"富人"毕竟是"最穷的人"[8]。而商人们"勤于商务但却荒于思想，对你自己的可悲处境心满意足，并把这种心满意足掩盖在责任的外衣下"。[9]

但是，工作也不是个神圣的地方。在有报酬的工作中，"这只是需求运行的规律：一个人想要生活，不得不出卖自己，但一个人鄙视那些利用这种需求**购买**工人的人。"甚至屈服于暴君也比屈服于"无名无趣的人，这是所有工业界的伟人"更容易接受。在雇佣劳动中，没有为更高的本性服务、参与比自己更重要的事情的感觉——"工人惯于视雇主为狡诈、吸血的寡廉鲜耻之徒，雇主充分利用他人的危难搞投机而全然不顾自己的形象、道德和名声。"[10] 法西斯主义在一定程度上是为了美化资本主义，在这些吸血狗身上贴上一张脸，或者至少是一个民族原型。在现代对工作的赞美中，尼采只看到了对个人的恐惧——工作是"最好的警察"，因为"它给每个人都带上了一副沉重的镣铐，使他的理性、贪欲和独立意识几乎没有机会可以成长"[11]。在《朝霞》里，我们发现尼采对工人最振聋发聩的讲话，这些工人"被使用和使用，作为机器的一部分，作为填补人类创造力漏洞的权宜之计"。尽管他对工人们的困境表示同情，但他不接地气，因为他建议将大规模移民作为解决方案。他恳请工人们"大声宣布，**作为阶级**，他们乃人的一

种不可能性"，并"他们应该在欧洲的蜂巢中开始一个前所
未有的蜂拥而去的时代，通过大规模的自由迁徙行动反对
机器，反对资本，反对他们现在面临的不得不在成为欧洲
国家的奴隶还是成为某个革命党的奴隶之间做出选择的
威胁"[12]。

2

但是，如果尼采如此明确地反对资本主义，可为什么
他又如此厌恶将社会主义作为一种解决方案？虽然每个人
都想当然地认为尼采是一个反社会主义者，但没有人问一
个看似明显的又是决定性的问题：尼采究竟认为社会主义
是什么？毕竟，即使在社会主义者之中，也有许多相互不
相容的对社会主义的理解；没有证据表明尼采读过马克思，
尽管他听说过他：在利奥波德·雅克比（Leopold Jacoby）
的《发展的理念》（*Die Idee der Entwicklung*）中，他曾在马
克思的名字下画线[13]。马克思避免了尼采在其他社会主义者
身上所批评的陷阱。如果尼采读过马克思，他是否会成为
一名社会主义者？这似乎又是不可信的，但问题是：在尼
采对社会主义的攻击中，所针对的并不是正确的马克思社
会主义。

尼采对社会主义的熟悉主要来自于他对理查德·瓦格纳①

---

① 理查德·瓦格纳（Richard Wagner, 1813—1883年），德国作曲家、指
挥家、诗人和作家。

（他与蒲鲁东①和巴枯宁②的政治有关）的认识，以及最重要的是他对欧根·杜林③作品的阅读。瓦格纳、蒲鲁东、巴枯宁和杜林都是臭名昭著的反犹主义者，这使得尼采著名地鄙视的反犹主义很可能在他心中与社会主义联系在一起（正如有时在他的著作中一样）。当尼采与瓦格纳断绝关系时，他开始鄙视他的反犹太主义、民族主义、对基督教的屈服以及与德国国家的联系，但瓦格纳早期的革命观点从未被作为冲突的原因。事实上，尼采更喜欢老瓦格纳——费尔巴哈④的革命追随者。

19 世纪 70 年代后半期，尼采成为马尔维达·冯·梅森布格的密友——他是同情 1848 年革命的德国社会主义者，

---

① 皮埃尔-约瑟夫·蒲鲁东（Pierre-Joseph Proudhon, 1809—1865 年），法国政论家、经济学家和社会学家，小资产阶级思想家，无政府主义理论的创始人，第二共和国时期是制宪议会议员（1848 年）。

② 米哈伊尔·亚历山大罗维奇·巴枯宁（Mikhail Alexandrovich Bakunin, 1814—1876 年），俄国无政府主义和民粹主义创始人、理论家；1840 年起侨居国外，曾参加德国 1848—1849 年革命；1849 年因参与领导德累斯顿起义被判死刑，后改为终身监禁；1851 年被引渡给沙皇政府，囚禁期间向沙皇写了《忏悔书》；1861 年从西伯利亚流放地逃往伦敦；1864 年参加第一国际活动后，在国际内部组织秘密团体——社会主义民主同盟，妄图夺取总委员会的领导权；由于进行分裂国际的阴谋活动，1872 年在海牙代表大会上被第一国际开除。

③ 欧根·杜林（Karl Eugen Dühring, 1833—1921 年），德国哲学家，庸俗经济学家，小资产阶级社会主义者，形而上学者；在哲学上把唯心主义、庸俗唯物主义和实证论结合在一起；在自然科学和文学方面也有所著述；1863—1877 年为柏林大学非公聘讲师；1877 年因采取反政府的立场被处分；19 世纪 70 年代曾对德国社会民主党部分党员产生影响。

④ 路德维希·费尔巴哈（Ludwig Feuerbach, 1804—1872 年），德国哲学家，青年黑格尔学派的代表之一。他的唯物主义哲学对马克思影响深远。——作者注

也是尼采熟悉社会主义思想的另一个来源。他们两人和哲学家保罗·雷尔①（Paul Rée）一起住在意大利的索伦托，在那里他们每天都会进行讨论并阅读对方的著作。在这一时期，尼采的观点还没有完全形成或确定，毫无疑问，他想吸引他的朋友和知识伙伴，写下了他所写的关于社会主义的唯一正面评论之一："社会主义是建立在这样的决心基础上：人人平等，公正地对待每个人——此乃最高尚的道德。"¹⁴这是在尼采开始怀疑"道德"本身之前，在他将其视为潜在的危险和有害的东西之前。而在达到思想成熟的时候，尼采一举放弃了两者：社会主义**和**道德。然而这表明尼采对社会主义的理解：社会主义是一种在平等、权利和正义方面进行定义的基本的道德学说。但这不是马克思的社会主义，不是**我们的**社会主义。

3

如果我们看一下尼采攻击社会主义的原因，我们就可以证明马克思对社会主义的理解是如何避免这些原因产生的；在同一过程中实现**尼采式**的社会主义可能是什么样子的。

尼采有时会攻击社会主义，认为它是禁欲主义理想的有害表达；也就是说，是**否定自我**的理想。禁欲主义理想

---

① 保罗·雷尔（Paul Ludwig Carl Heinrich Rée，1849—1901 年），德国哲学家、作家，尼采的好友。

之所以产生并获得影响，是因为弱者为他们的苦难寻找意义：受苦是可以忍受的，无意义的苦难是不能忍受的。牧师们通过赋予他们的痛苦以意义来招募他们。"因为你是有罪的，所以你受苦，甚至**应该**受苦。"那么，解决你的痛苦的办法就是**惩罚**你自己：否认你的欲望，压制你的本能，**少要一些**。尼采将社会主义解释为这种驱动力的现代、世俗化的化身：社会主义者通过拒绝个人主义、贪婪以及扩张和积累的欲望来应对痛苦。它在功能上等同于传统的禁欲主义，因为它通过延续弱点来**回应弱点**。

如果我们回顾一下社会主义的早期历史，在马克思主义的主导地位上升之前，尼采将社会主义等同于禁欲主义是有道理的。正如马克思和恩格斯在《共产党宣言》中写道，伴随着资本主义早期阶段的第一批社会主义理论必然是反动的："（这种文献）倡导普遍的禁欲主义和粗陋的平均主义。"[15]这是由于当时现代工业的雏形，以及关于它将如何发展的不确定性。对资产阶级崛起的反对，只能表现为回到过去的动力。贵族们仍然梦想着把历史的车轮倒退到资产阶级还没有威胁到他们权力的时候，社会上的生产者大多是农奴而不是容易造反的雇佣工人。因此，他们发现自己与资产阶级和崛起的无产阶级都处于对立状态。偶尔，他们会对资产阶级的贵族式批评表现出机智和精辟，但他们缺乏阶级力量，无法将其延伸到书面之外，他们的政治怀旧，加上他们缺乏远见，保证了他们的反动特性。

在《1844 年经济学哲学手稿》中，马克思以许多与尼采相同的理由批评了这种反动的社会主义形式，将其称为"粗陋的共产主义"。他把它们描述为源于"普遍的和作为权力而形成的**忌妒**""所采取的并且只是用**另一种方式**使自己得到满足的隐蔽形式"[16]"禁欲主义的共产主义"在各个领域都**否定**了人的个性，在"从想象的最低限度出发的平均主义"[17]的驱使下，它的典型特征是"具有一个特定的、有限制的尺度。对整个文化和文明的世界的抽象否定，向**贫穷**的、需求不高的人——他不仅没有超越私有财产的水平，甚至从来没有达到私有财产的水平"[18]。马克思在这里攻击"粗陋的共产主义"的每一个理由——它的禁欲主义、社会平庸、变相的嫉妒和贪婪、人格和文化的丧失——都与尼采攻击社会主义的理由完全对应，以至于这些批评可能来自尼采本人。马克思甚至没有坚持一种温和的禁欲主义，根据这种禁欲主义，我们应该限制我们的需求。对马克思来说，个人的丰富不仅意味着新能力的发展，也意味着新需求的发展。正是在满足需求的过程中，我们获得了新的权力，而在获得新的权力时，我们也获得了新的需求。

在前面提到的"粗暴的共产主义"中，马克思指的是，至少部分指的是中世纪出现的宗教共产主义团体——这些团体的特点是禁欲主义以及对科学和艺术作品的敌视态度。19世纪上半叶，这些特征被共产主义潮流所继承。在《1844年经济学哲学手稿》成书前6年成立的英格兰东南部的协进会是一个小规模的、短暂的例子。主要成员詹姆斯·皮尔庞特·格里夫斯将自己描述为"神圣的社会主义者"[19]，旨在实现"**人类的神圣进步**"[20]，遵循早起、生食和简单生活的禁欲主义制度，放弃所有刺激物和性活动。鉴于这类运动，以及许多乌托邦社会主义的普遍宗教渊源，为什么尼采会看到隐藏在所有这些背后的伪装的宗教狂热主义和剥夺生命的禁欲主义，这一点也不令人惊讶了。

4

马克思完全拒绝竞争性社会主义运动的禁欲主义方面；他批评资本主义的原因之一就是它对禁欲主义的特殊宣传。举一个当代的例子：几年前，麦当劳和维萨卡（Visa）合作设计了一个月度预算计划，旨在证明你可以用最低工资在美国生活。即使假设生活费用低得离谱，这个计划仍然要求人们有第二份工作（似乎破坏了这个项目的全部意义），在医疗保险上花费不超过 20 美元，以及生活中没有暖气、自来水、基本卫生条件、食物、衣服（甚至不要想什么娱乐活动！）。没有自己的所得部分，推测都属于在 27 美元的每日津贴下，而且还假定（相当不靠谱）一个人没有债务。即使有了所有这些节俭措施，该计划也只能在每周工作 80 小时的基础上才能实现。每周工作 80 小时——两份全职工作。我们所看到的是两个大公司要求工人过一种**苛刻的禁欲主义**生活，其生活条件远远超出了一般宗教禁欲主义的要求，但却没有带来任何精神上的安慰。

我叙述这一点是为了说明马克思在《1844 年经济学哲

学手稿》中提出的一个观点：政治经济学是**道德的**科学。它试图与所有的宗教和迷信保持距离，把自己说成是中立的，是我们当代意义上的"科学"，对所有的人都是客观有效的，除了理性上的预设，不做任何规范性的要求。但在这个外表下，是一种强烈的道德主义——对禁欲主义的要求。马克思说，政治经济学家代表了他们的科学信条，"他把尽可能贫乏的生活（生存）当作计算的标准，而且是普遍的标准：说普遍的标准，是因为它适用于大多数人。他把工人变成没有感觉和没有需要的存在物……因此，工人的任何奢侈在他看来都是不可饶恕的，而一切超出最抽象的需要的东西，无论是被动的享受或能动的表现——在他看来都是奢侈。"[21]马克思的话继续令人痛苦地想起，让人想起那些针对千禧一代的光棍文章，写的是如果你拒绝每天喝咖啡就可以节省开支，或者所有那些既缺乏知识又缺乏同情心的人，把贫困归咎于工作的年轻人，把它归咎于花在牛油果吐司上的过多的钱，错误的教育选择，或者纯粹和简单的懒惰。

马克思的话甚至更直接影响到了当代经济学家，他们在提到一些国家时，谈到了血汗工厂的工人因为他们国家的平均收入水平提高而感到**感激**，或者在任何情况下**应该**感到感激。因此，财富的科学"同时又是关于克制、穷困和节约的科学……这门关于惊人的勤劳的科学，同时也是关于禁欲的科学，而它的真正理想是禁欲的却又进行重利盘剥的吝啬鬼和禁欲的却又进行生产的奴隶"[22]。鉴于今天的禁欲主义宗教——资本的宗教——不仅要求禁欲主义，而且要求生产性的禁欲主义，今天的旧宗教禁欲主义者会被批评为懒惰和过于理想化——今天谁会天真地认为，生命可以用来寻求精神上的满足等事项？

　　因此，国民经济学，尽管它具有世俗的和纵欲的外表，却是真正道德的科学，最最道德的科学。它的基本教条是自我节制，对生活乃至人的一切需要都加以节制。你越是少吃，少喝，少买书，少去剧院，少赴舞会，少上餐馆，少思考，少爱，少谈理论，少唱，少画，少击剑，等等，你**积攒**的就越多，你的那些既不会被虫蛀也不会被贼偷的财宝，即你的**资本**，也就会越多。你的存在越微不足道，你表现自己的生命越少，你**拥有**的就越多，你的外化的生命就越大，你的**异化**本质也积累得越多。

　　　　　　　——马克思《1844 年经济学哲学手稿》[23]

　　马克思的任务之一是消除社会主义运动中所有这些禁欲主义、虚无主义、剥夺生命的痕迹。在回应赫尔曼·瓦格纳的一篇未署名的文章时，马克思抨击了基督教被用来将"国教顾问答应对一切已使人受害的弊端的补偿搬到天上，从而为这些弊端的继续在地上存在进行辩护"。他抨击了宣扬"颂扬怯懦、自卑、自甘屈辱、顺从驯服，总之，颂扬**愚民**的各种特点，但对不希望把自己当**愚民**看待的无产阶级来说，勇敢、自尊、自豪感和独立感比面包还要重要"[24]。除去对无产阶级的提及，这段话很可能来自尼采。

5

关于宗教的说明。众所周知，马克思和尼采都是基督教的强烈批判者，但他们攻击的实际内容通常被误读——他们关注的是宗教的基本社会基础及其**实际效果**，特别是他们那个时代的德国存在的**有组织的**宗教，以及伴随着它的所有制度和意识形态的力量。

首先应该指出，有组织的宗教是为了满足某些需求和执行某些功能而大规模出现的——它具有社会、实践和心理内容，不能简化为简单的信仰或认知。因此，像新无神论者倾向于做的那样，通过逻辑论证来攻击它的观点是没有用的，因为它遗漏了宗教的大部分基本社会内容，并且冒着仅以世俗形式复制该内容的风险。因此，这就是为什么马克思和尼采从来没有像康德或休谟那样设计出反对神学命题的逻辑论证：他们的目标是在社会历史上定位基督教。

尼采之所以关注基督教，是因为它在历史上占主导地位，但他在其中看到的只是一种否定生命的表现形式，这种否定形式可以在许多其他形式中找到，它既不是宗教的本质，也不是虔诚的本质，因为它很容易以世俗的形式出现，事实上的确如此。因此，一个人必须针对的不是基督教，而是潜伏在它之下的对生命的否定，无论它以何种形式出现。尼采指出，他在那个时代看到的那种无神论只是本质上仍然是基督教的一种更纯粹的版本，因为它反映了相同的需求并服务于相同的功能，但没有一切神话装饰。基督教教义的世俗化并没有废除它，相反，它只是使它显得更加普遍、更加非历史、更纯净、更容易接受虚无主义。不同之处仅在于同一潜在现象的外在表现。

当尼采谴责基督教变了样子时，耶稣基督对他来说却是种自由的精神，没有怨恨，没有敌人，传播着"**真的生命，永生**"存在于"它就在这里，就在**你们当中**：活在爱中，在没有例外、没有距离的爱中"[25]。他在基督身上看到了一个值得称道的形象，并在基督的实践中看到了生命肯定的可能性。引导我们的不是对整个宗教的抽象评价，而是对我们具体现状的肯定，我们感谢不顾信仰而与我们并肩作战的人们；如果我们攻击有组织的宗教，我们只会在其体制权力阻碍我们生活的范围内这样做。更重要的是，我们必须对那些外表世俗但怀有与任何清教徒一样否定生命的观点的人感到厌倦，如果我们不服从他们的命令，就会试图将我们标记为有罪的罪人。

马克思将宗教称为"人民的**鸦片**"是他整个语料库中最著名的短语之一，但很少有人阅读其上下文："**宗教里的苦难既是现实的苦难的表现**，又是对这种现实的苦难的**抗议**。宗教是被压迫生灵的叹息，是无情**世界**的情感，正像它是无精神活力的制度的精神一样。宗教是人民的鸦片。"[26]

换句话说，鸦片是一种止痛药，可以缓解异化存在所带来的痛苦——在一个人们被拒绝的世界里控制自己的生活，疏远的痛苦通过将这种控制归属于一种超凡脱俗的存在而得到缓解。如果穷人必须求助于止痛药来忍受他们的社会条件，那么必须攻击的不是止痛药，而是它的社会条件。而如果统治阶级将宗教作为一种有用的宣传手段，那么我们的最终目标就不是他们选择的宣传手段（可以根据潮流进行切换），而是他们阶级力量本身的基础。在任何一种情况下，将宗教置于我们政治的中心只会掩盖问题的根源，许多主要的新无神论者对现状如此满意也不是巧合。毕竟，虽然许多国家的宗教信仰在衰落，但虚无主义的问题只会变得更加根深蒂固，这也是本书几乎没有对宗教的讨论的原因——宗教问题不是决定性的。

6

对气候变化的自由讨论往往表现出一丝禁欲主义，当他们开始将责任归咎于"贪婪"时——"对消费和贪婪的崇拜可能会抹杀政府对气候变化采取行动或转向清洁能源经济所带来的任何收益"，《卫报》的一篇文章这样写道[27]。不仅公司所有者，甚至消费者也因过于贪婪而受到攻击，似乎这是根本问题。不知何故，人们假设贪婪不包括对宜居星球的渴望——好像自私的人不把避免气候灾难算在他们的个人利益中一样。自私不能解释我们无法应对气候变化。即使是最自私的资本家，即使是那些足够富有的人，即使他们知道在灾难情况下他们的安全将被优先考虑和保障，他们也希望生活在一个不受灾难气候威胁的世界，在那里事情可以继续按标准运作，他们可以自由地在意大利或埃及度过假期，而不必担心海平面上升。但这不取决于他们。

打击贪婪不仅仅是政治上的失败。相反，贪婪可能是一件**好事**。罢工工人对更高工资的贪婪，病人对增长的医疗基金的贪婪，母亲对获得健康食品的贪婪；最重要的是，人类对更可容忍、更充实的存在的贪婪——所有这些我都认为是好的。尼采写道："自私自利的价值，同那个自私自利者生理学方面的价值一样：它可能很有价值，它也可能毫无价值和令人鄙视。"[28]我知道那些以贪婪来谴责环境破坏的人不会谴责我上面给出的贪婪的例子——他们要么将它们识别为另一种贪婪，要么根本不将它们视为贪婪的实例。但这恰恰表明"贪婪"并没有深入到根源的问题，并没有做任何澄清。

确实，将我们世界的问题归咎于自私往往既是装聋作哑，也是侮辱人。普通工薪阶层的人必须将大部分清醒的时间都花在工作上以使他人的利润最大化，而他们的一部分工资——本身只是这些利润的一小部分——必须交给一个不代表他们的不负责任的政府。对这样的人来说他们太自私了，应该花更多的时间否认自己，为他人而活，这是一个糟糕的笑话。相反，我们必须说，**更加**自私！要求更多！更好的是，多拿点！你会发现你的"自私"使你拥有很多朋友，大多数人都和你一样有兴趣寻找更美好、更充实的生活，而正是在团结的集体中，你才会找到满足它的方法。尼采将良好的自私描述为**溢出**的自私，它在追求自身利益的过程中丰富了周围的环境。"你们的心灵贪而无厌地努力追求珍宝，因为你们的道德，在赠予的意志方面，也是贪而无厌的。"——"确实，这种赠予之爱必将成为攫取一切价值的劫夺者；可是我把这种利己主义称为是健全的和神圣的。"[29]

一些工人阶级正确地拒绝了道德禁令，以变得不那么自私，然后才被欺骗再次否认自己，甚至开始为这种否认辩护。这是在各种右翼自由主义者和客观主义者的指导下发生的，他们认为关心自己的利益只适合资本主义，在资本主义制度下，多数人必须为不负责任的少数人致富。像安·兰德这样的人是如何做到这一点的？通过在她英勇的"利己主义"下伪装另一个抽象的道德准则——**遵循**抽象的道德准则，你才能最好地服务于你的利己主义，所以她争辩道。这需要兰德有时将其限定为"开明的自我利益"，似乎使用"开明"来表示"自满"。尼采在所有宗教和道德的中心确定了一个通用公式："请做这个这个，不要做那个那个——这样你就会幸福！不然的话……"[30]相同的旧公式被一次又一次地提供给我们，这一次甚至是以利己主义的名义（兰德的道德哲学是康德的基础，然而，也许是为了分散人们对她"利己主义"的真正本质的注意力，她还敢攻击并谴责康德是自利的终极敌人）。尼采经常被认为对兰德产生过影响，但如果更仔细地阅读他的作品，她就会发现，在同一套抽象道德规范下，每个人的自身利益都可以平等地得到促进和追求的想法是荒谬的。如果每个人在时间和空间上的自身利益都可以通过一组命令同样好地服务，那将是一个非常令人着迷的巧合，更令人着迷的是，这组命令恰好符合某种脉络的传统 20 世纪的**自由放任资本主义**折射出以责任为基础的、特别的自由主义、康德式的道德。即使遵循这种道德会让你成为永远被剥夺和剥削的人，这只是因为你的利益需要它！即使在这里，尼采对苦行理想及其固有的自我鞭挞的分析也站得住脚——你受苦是为了你自己的利益！

7

由于历史上许多打着社会主义标签的运动和政权，以及反社会主义者所流行的特征，许多人开始将社会主义与无私、怜悯和利他主义的感伤主义理想联系起来。社会主义通常被理解为慈善的延伸，即舍己以仁慈地给予不幸者的理想。某些反社会主义者，尤其是右翼自由主义者（那些小政府、自由放任资本主义的支持者，他们将历史上社会主义的"自由主义者"这个词用在了自己身上），假定将社会主义等同于慈善，并抨击它效率低下且对社会具有强制性。理由是人性根本不是利他的，同时认为私人慈善机构足以解决极端贫困问题。同时，一些左倾的自由主义者和自命为社会主义的人自己也会采取慈善和利他主义的立场，对我们社会的自私和贪婪进行道德化。

毫无疑问，尼采抨击了所有这些政治表现形式。但马克思也是如此。如果我们谈论的是马克思所理解的社会主义，是人类的解放、阶级的废除、异化的克服、人的自我发展的释放，那么谈论用利他主义取代贪婪就变得完全不相关，甚至毫无意义。正如马克思和恩格斯明确指出的那样，"共产主义者既不拿利己主义来反对自我牺牲，也不拿自我牺牲来反对利己主义，理论上既不是从那情感的形式，也不是从那夸张的思想形式去领会这个对立，而是在于揭示这个对立的物质根源……他们清楚地知道，无论利己主义还是自我牺牲，都是一定条件下个人自我实现的一种必要形式。"最重要的是，"共产主义者根本不进行任何**道德说教!**"[31]

让我们思考一下慈善，不是在任何人类社会都会有的广义上的"仁慈"，而是作为一种**制度**的慈善：它在阶级社会之前并不存在，在阶级社会之后也不会持续存在，因为它的前提是将人们分为慈善者和长期被剥夺者——不仅被剥夺特定的商品和资源，而且还被剥夺了自主权。正如马克思所预言的那样，作为我们世界特征的财富不平等一直在增加——在美国，它已经超过了法国革命时期的财富差距，甚至达到了法老时代以来无可比拟的最高纪录。这样的情况带出了一些关于慈善性质的荒谬之处：你越是富有，你就可以向慈善机构捐赠越多，而不会注意到你的财富有任何缩水。换句话说，如果你成功地从剥削和匮乏中获利，那么将这些利润的一小部分捐给剥削和匮乏的受害者，就会被视为道德和美德的光辉典范，即使你的财富是由这些受害者所带来的。当富有的捐赠者受到赞扬时（如果捐赠被安排为公开的，就更应该受到赞扬），接受者被期望表现出顺从的感激之情，希望能带来一个感觉良好的额外好处。尼采非常清楚基于怜悯的关系的常见心理副作用——它往往会助长怨恨和耻辱。

当然，如果慈善的唯一问题是它鼓励捐赠者的虚伪的自我满足和傲慢，或者它要求接受者的被迫感激，这对于有效地减少不幸者的痛苦来说，将是一个很小的代价。但是，所涉及的虚假情绪只是更深层次的东西的一个症状：**非人化**。当奥斯卡·王尔德①写到社会主义时，他从受苦的个人的立场出发，他渴望摆脱有辱人格的生活的具体环境，"为他人生活的肮脏的必要性"。正是由于这个原因，在写《社会主义制度下人的灵魂》时，他提出了慈善作为解决贫困问题的不足。"我们总以为穷人会感激于那些善举，当然，确实有部分人会，但是大多数的穷人并不感恩。他们不但不感恩，还不满足，不顺从，甚至是要造反。当然，

---

① 奥斯卡·王尔德（Oscar Wilde，1854—1900年），19世纪英国最伟大的作家与艺术家之一，以其剧作、诗歌、童话和小说闻名，唯美主义代表人物，19世纪80年代美学运动的主力和90年代颓废派运动的先驱。代表作有《道林·格雷的画像》《温德米尔夫人的扇子》《莎乐美》等。

他们也有权利这样做。所谓慈善，在他们看来只是一种可笑的，不充足的赔偿，或者只是一种富人为了更专制的统治他们，附带着无理企图的，感情用事的施舍。"[32]

人们因资本主义社会关系而遭受的剥削和剥夺，本质上是没有人性的。这种非人化所带来的自主权的丧失，使得人们不得不求助于陌生人的仁慈，而这往往会引起接受者的反感。当无法找到对非人化条件的抵抗，而且这种抵抗渗透到一个人的灵魂深处时，结果很可能是对自己的无能为力感到不甘心，感觉到被外部力量所摆布。在这种情况下，慈善——依靠任意的仁慈的必要性——很可能只会使这种非人化变得更加严重，因为在一个人的决策权被剥夺的情况下，他体验到自己的生活是由一位从上面俯视着他的人所维持的。

问题不仅在于乞丐在慈善中所依赖的仁慈是很随意的，使生活成为穿插着任意救济时刻的统治体验；更大的问题是，慈善迫使人们无助地依赖捐赠者，由于他们对无助者施加的控制，捐赠者本已优越的地位得到进一步提升——由于期望你的感激，你对他们的顺从甚至成为一种道德义务。私人慈善基金会，即使是由公共资金资助的，它们也缺乏透明度和问责制，他们被赋予的优势意味着他们有兴趣使自己永久化，而不是解决他们声称要解决的问题。比尔和梅琳达·盖茨基金会是世界上最大的私人基金会，它向世界各地的项目捐赠了数十亿美元，范围从医疗和教育到农业和清洁水。像任何投资一样，这使该基金会对这些项目的处理具有巨大的影响力，然而他们的组织不受任何民主程序的约束，缺乏任何问责的保证，尤其是对那些生活实际受到其决策影响的数百万穷人而言。在大多数慈善机构中，受助者甚至没有特权被咨询他们的需求或首选的满足方式，这导致了它们没有带来救济的慈善案例，例如亚美尼亚的一个学校营养项目，向没有自来水的学校分发奶粉，而自来水是将奶粉变成牛奶所必须的；还有赞比亚的一个项目，由于其组织者期望已经过度劳累的妇女为食物配给而进行繁重的体力劳动，因而未能完成城市基础设施建设[33]。

简而言之，慈善机构将其受助者视为被动的受害者，但需要指出的是，社会主义的基础不是消极的受害者，怜悯也不是。怜悯可能是慈善或国家福利政治的基础，但**我们的**社会主义植根于自我肯定的意愿，以及对自己力量的发挥和扩张。在制度性的怜悯关系中，社会主义行动不是从捐赠开始的，而是从受害者顺从的感激之情的枯萎开始的，他们开始意识到，在他们被任意征服的同时，也增长了巨大的权力潜能。

为了保护自己不被**无情地**解读，并冒着陈述明显事实的风险，我必须指出，上述内容并不是对接受慈善的人的谴责，更不是试图指责他们；也不是对任何特定的个体（们）进行普遍的道德攻击。相反，这是对首先导致他们被征服的**事物状态**的谴责，也是对不解决这种征服的"解决方案"的拒绝。我也不是争辩慈善的适当替代方案是委曲求全地忍受自己的被征服和痛苦，这根本无法解决被动和非人化的问题。我所论证的是，在所有征服和非人化的条件下，必须在人们寻求抵抗的情况下寻找抵抗的武器。

所有伟大的无产阶级革命，从巴黎公社到德国和俄国的革命，都是利用废弃和空置的建筑物来安置无家可归者。这不是一个慈善的例子。无家可归者被当作革命的参与者，有机会在平等的基础上积极参与决策过程。眼前的目标不是施舍，而是促进被征服者的自主权，为这种自主权建立共同的基础，建立互惠的团结关系。把利他主义或无私的话语带入，这里无意为之做出任何澄清。在参与夺取房屋的革命者中，以及占据房屋的无家可归者中，没有必要自我否定——他们是按照个人利益行事的，因为他们在革命的成功中有着共同的利益，为此，他们像朋友和家人一样，自愿地相互支持。

赋予权力的慈善替代方案并不限于全国性的革命。1971年，米兰的70个无处可依的家庭占据了空房子，在当地工厂工人的支持下，抵抗了警察的两次暴力驱逐的企图，直到当地政府被迫为他们和其他140个家庭提供住房。在大萧条时期的美国（让我们记住，今天的失业率是大萧条**以来**的最高水平），成千上万的失业者在激进的基础上组织起来。失业者自己开展的各种大规模组织活动，其规模和自发性各不相同，从示威和游行，到抢夺公司的食物，到冲击救济站，再到组建失业工人理事会和委员会。一些共产党员甚至组织了煤气队和电力队，为面临被驱逐的家庭恢复供暖和供电。这些组织工作最终形成了一个全国性的失业工人组织——美国工人联盟，其章程在 1937 年之前一直呼吁"废除利润制度"。它在 1936 年的大会上吸引了来自 36 个州的失业工人组织的 900 名当选代表，到该年年底已经达到了 60 万名成员[34]。

在这些案例中，人们发现社会主义社会正以各种方式得以预言——在它对交换价值和资本主义财产关系的拒绝中，在它对人类需求的优先考虑中，在它相互信任的统一和团结中，在社会力量摆脱其异化时的自由发挥中。当研究这些在激进基础上解决极端贫困的例子时，任何怜悯的概念在人们的思想中是多么的遥远啊！自我牺牲和施舍的概念是完全没有的。与慈善的区别应该是非常明显的，而后者的例子难道不是让人想到尼采的价值观和理想吗？慈善是奴性的和反应性的，它制约着受助者对外部刺激作出被动反应；所涉及的怜悯试图通过重塑它来解决这个问题，导致怨恨和羞耻的发酵。但是，在激进的基础上解决同样的问题会导致一个人本能的积极发挥，导致克服障碍和力量的增长，导致自我肯定和斗争中的喜悦。与慈善相反，慈善倾向于把它的受助者变成只由他们的痛苦界定的无面目的群体，在自我组织中的个人**作为个人感受和生活**，并**肯定作为个体的自己**。

8

如果说尼采在谈到社会主义者时，总会想到一个人，那个人就是欧根·杜林——一个反马克思主义的反犹太主义者[35]。当我们承认尼采将杜林视为社会主义的代表时，他对社会主义的反感的特殊形式就开始变得更有意义了。例如，尼采与其说是批评社会主义是禁欲主义，不如说是批评社会主义从根本上是**由怨恨驱动**的，他也把怨恨与一般的奴隶道德联系起来。正是因为杜林，尼采才得出了这个结论，因为杜林曾明确称赞怨恨是人类正义感的组成部分。正是杜林将社会主义定性为被动的复仇，从而玷污了社会主义的名声。

在尼采的《道德的谱系》中，杜林是这样被描述的："我再次提请有耳朵的读者回忆一下那个柏林人，复仇的信徒欧根·杜林，他如今在德国把道德之鼓擂得极其伤风败俗，令人作呕。杜林，这个天下第一大道德的鼓吹者，即便和他的同类，那群反犹太主义者比起来也堪称第一。"[36]据我们所知，尼采从未读过恩格斯对杜林的批判（被非正式地称为"反杜林论"），因为他肯定会很高兴看到杜林的"道德上哗众取宠"被如此严肃地嘲弄。恩格斯写道，杜林，"这个现在刚出现的预言家在提包里带着已经准备好的最后的终极的真理，永恒道德和永恒正义。这一切已经出现过成百上千次，如果现在还有人竟如此轻率地认为，别人做不到这一点，只有他才能做到，那就不能不令人感到奇怪了。……像所有的预言家那样，他也没有作批判性的科学的研究和判断，而只是直接进行道义上的谴责。"[37]

9

但是，即使是避免了禁欲主义、无私、感伤主义和道德化语言的社会主义形式，最终也没有足够的变革性，只是在寻求改革其本质上已经腐烂的东西，而这个问题在今天的社会主义者中也许更加普遍。例如，考虑到那些将社会主义理解为仅仅是要求工资改革的人，无论是工资平等还是增加工资——在尼采的时代和我们的时代一样普遍。鉴于对社会主义的这种理解，人们很难责怪尼采对社会主义的攻击。工资劳动制度**本身**是令人厌恶的，而不是因为其特定的环境——马克思和尼采都认识到了这一点。在《朝霞》中，尼采提出了一个关于工人的重要观点，许多社会主义者会很好地接受这个观点：工人"像现在这样被用作机器上的螺丝钉和人类发明精神的填充物……有人认为，更高工资将会从根本上改变他们的苦难，即他们非人奴役的苦难；……随着一个新的机械化社会中非个人性程度的提高，这种奴役的耻辱将转变为一种美德；人们给自己制定一个交换价格，使自己不再是人，而是变成机器的一部分"[38]把自己的身体租出去，被人指手画脚，在能力和选择上不断受到限制，在自己促成的生产过程和组织中没有发言权——"非个人奴役"是一个完全合适的名称，而这一切都不是通过增加工资来解决的，就像奴隶制是通过给奴隶更多的食物吃和更舒适的床睡觉来解决的。马克思指出了这种改良式社会主义的荒谬之处：它攻击的是资本主义的分配模式（工资的分配），而不是这种分配背后的**生产**模式（生产资料的私有制）。正是被迫为工资而出卖自己的劳动能力这一事实本身，导致了整个资本主义制度及其所有的问题。

10

进而，在工资改革的同时，还有国家主义的社会主义概念，例如费迪南·拉萨尔的概念，他认为社会主义包括国家对工业的控制。但任何形式的国家主义都是与尼采完全对立的。在 20 世纪，从社会民主党人到斯大林主义者再到法西斯主义者，每个人都来做一个可怕的等式：将社会与国家、国家与国家等同起来。正是这个等式使法西斯分子有可能称自己为"国家社会主义者"。但尼采不会这样做。正如查拉图斯特拉所说："国家乃是一切冷酷怪物中的最冷酷者。它也冷酷地说谎；这个谎言从它的嘴里爬出来：'我，国家，就是民族。'这是谎言！从前创造各个民族，在他们头上高悬一个信仰和一个爱的乃是那些创造者；他们就这样为生存服务。现在为许多人设下圈套而称之为国家的，乃是那些破坏者，他们在圈套上面吊着一把剑和千百种欲望。"[39]

许多人没有意识到的是，马克思同样狂热地反对国家主义。在《哥达纲领批判》中，在提到德国工人党时，马克思抨击了"拉萨尔派对国家的奴性信仰"[40]。早在 1843 年，他就写道："在真正的民主制中**政治国家就消失了**"[41]，因为对他来说，国家在**本质上**是异化的——它要求把人与社会权力分开，国家为自己吸收了这些权力。

反对国家是马克思和尼采拒绝黑格尔政治的主要方式之一。让法西斯分子能够利用黑格尔的是他对国家的强调，强调为国家服务和颂扬的必要性。考虑到当时德国的大学是由国王和王子资助的，一个人如果不公开支持国家，就不可能获得哲学教席，黑格尔有这种强调是可以预期的。黑格尔认为国家是一个自足的有机体，是精神的最高发展和表达；而每个人的目标都是在与国家的关系中找到自己适当的位置。由于显而易见的原因，法西斯分子发现这种观点很有吸引力，这种观点允许他们把民族国家描绘成一个完美的和谐整体，其失败只是由于入侵的寄生虫大军。没有什么能比马克思和尼采的思想更进一步了。

但是，难道马克思不认为在革命过程中必须建立一个工人国家，只有经过一段时间的发展才能废除吗？是的，但不是以马克思列宁主义者要你相信的方式。马克思的"无产阶级专政"常常被认为是指一个中央集权的、全能的官僚国家，它作为一个稳定的关系体系存在，直到它神奇地凋零的时候。如果我们看一下马克思对巴黎公社的描述，就可以确定这种定性的虚假性，他认为巴黎公社是无产阶级专政的第一个历史实例：

这次革命的对象不是哪一种国家政权形式——正统的、立宪的、共和的或帝制的，而是国家本身这个社会的超自然怪胎。这次革命是人民为着自己的利益而重新掌握自己的社会生活的行动。它不是为了把国家政权从统治阶级这一集团转给另一集团而进行的革命，它是为了粉碎这个阶级统治的凶恶机器本身而进行的革命。

——马克思《法兰西内战》[42]

无产阶级专政包括"组织起独立工作的、自治的公社，国民军将代替常备军，国家寄生虫大军将被搬掉……国家的职能将只限于几项符合于普遍性、全国性目的的职能"[43]。因此，它包括不断**减少**国家权力。恩格斯写道，建立"省、县和市镇通过依据普选制选出的官员实行完全的自治"并"取消由国家任命的一切地方的和省的政权机关"[44]，是共产主义计划的一部分。正如马克思所设想的，工人国家与所有先前存在的国家截然不同，因为它实际上是**反**国家体制。无产阶级专政并不是像马克思列宁主义者所设想的那样，是一套稳定的关系，一直持续到它们可以枯萎。相反，它是一个**过程**，而这个过程包括对国家权力的不断破坏。工人的国家是由它自己的自我毁灭所决定的①。

---

① 关于马克思对国家的反对，以及他对无产阶级专政的描述，见《法兰西内战》；另见德里克·塞耶和菲利普·科里根的论文《反对国家的革命》。——作者注

注释：

1. ［德］弗里德里希·尼采：《快乐的科学》，黄明嘉译，桂林：漓江出版社 2000 年版，第 96 页。

2. ［德］弗里德里希·尼采：《不合时宜的沉思》，李秋零译，上海：华东师范大学出版社 2007 年版，第 279 页。

3. ［德］弗里德里希·尼采：《不合时宜的沉思》，李秋零译，上海：华东师范大学出版社 2007 年版，第 277 页。

4. ［德］弗里德里希·尼采：《不合时宜的沉思》，李秋零译，上海：华东师范大学出版社 2007 年版，第 300 页。

5. ［德］弗里德里希·尼采：《不合时宜的沉思》，李秋零译，上海：华东师范大学出版社 2007 年版，第 313 页。

6. ［德］弗里德里希·尼采：《朝霞》，田立年译，上海：华东师范大学出版社 2007 年版，第 219 页。

7. ［德］弗里德里希·尼采：《快乐的科学》，黄明嘉译，桂林：漓江出版社 2000 年版，第 5 页。

8. ［德］弗里德里希·尼采：《权力意志》，孙周兴译，上海：华东师范大学出版社 2007 年版，第 219 页。

9. ［德］弗里德里希·尼采：《朝霞》，田立年译，上海：华东师范大学出版社 2007 年版，第 224 页。

10. ［德］弗里德里希·尼采：《快乐的科学》，黄明嘉译，桂林：漓江出版社 2000 年版，第 114 页。

11. ［德］弗里德里希·尼采：《朝霞》，田立年译，上海：华东师范大学出版社 2007 年版，第 217 页。

12. ［德］弗里德里希·尼采：《朝霞》，田立年译，上海：华东师范大学出版社 2007 年版，第 255 页。

13. Thomas H. Brobjer, "Nietzsche's Knowledge of Marx and Marxism", *Nietzsche-Studien*, 31（1），2002.

14. ［德］弗里德里希·尼采：《尼采遗稿选》，君特·沃尔法特编，虞龙发译，上海：上海译文出版社 2005 年版，第 28 页。

15. 马克思、恩格斯：《马克思恩格斯文集》第二卷，北京：人民出版社 2009 年版，第 62 页。

16. 马克思、恩格斯：《马克思恩格斯文集》第一卷，北京：人民出版社 2009 年版，第 184 页。

17. 马克思、恩格斯：《马克思恩格斯文集》第一卷，北京：人民出版社 2009 年版，第 184 页。

18. 马克思、恩格斯：《马克思恩格斯文集》第一卷，北京：人民出版社 2009 年版，第 184 页。

19. Richard Aldrich, "Review of Search for a New Eden: James Pierrepont Greaves（1777 – 1842）: The Sacred Socialist and His Followers", by J. E. M. Latham. *History of Education Quarterly*, Vol. 41, No. 4, 2001, p. 578 – 80.

20. Julia Twigg, "The Vegetarian Movement in England, 1847 – 1981: A Study in the Structure of its Ideology", A thesis presented to the London School of Economics, University of London, for the degree of Doctor of Philosophy, Autumn 1981.

21. 马克思、恩格斯：《马克思恩格斯文集》第一卷，北京：人民出版社 2009 年版，第 226 页。

22. 马克思、恩格斯：《马克思恩格斯文集》第一卷，北京：人民出版社 2009 年版，第 226 页。

23. 马克思、恩格斯：《马克思恩格斯文集》第一卷，北京：人民出版社 2009 年版，第 226—227 页。

24. 马克思、恩格斯：《马克思恩格斯全集》中文第一版第 4 卷，北京：人民出版社 1958 年版，第 218 页。

25. ［德］弗里德里希·尼采：《敌基督者：对基督教的诅咒》，余明锋译，北京：商务印书馆 2016 年版，第 29 页。

26. 马克思、恩格斯：《马克思恩格斯文集》第一卷，北京：人民出版社 2009 年版，第 4 页。

27. Suzanne Goldenberg, "US cult of greed is now a global environmental threat, report warns", *The Guardian*, January 13th, 2010.

28. ［德］弗里德里希·尼采：《偶像的黄昏》，卫茂平译，上海：华东师范大学出版社 2007 年版，第 146 页。

29. ［德］弗里德里希·尼采：《查拉图斯特拉如是说》，钱春绮译，北京：生活·读书·新知三联书店 2007 年版，第 81 页。

30. ［德］弗里德里希·尼采：《偶像的黄昏》，卫茂平译，上海：华东师范大学出版社 2007 年版，第 77 页。

31. 马克思、恩格斯：《马克思恩格斯全集》中文第一版第 4 卷北京：人民出版社 1958 年版，第 275 页。

32. ［英］奥斯卡·王尔德：《谎言的衰落：王尔德艺术批评文选》，萧易译，江苏教育出版社 2004 年版，第 226 页。

33. Margaret Kohn："Postcolonialism and Global Justice", *The Journal of Global Ethics*, Volume 9, Issue 2, 2012.

34. Francis Fox Piven & Richard Cloward, *Poor People's Movements*: *Why they succeed*, *How They Fail*, New York: Vintage Books, 1979, p. 41 – 95.

35. 尼采在谈到无政府主义者时也经常论及杜林，因为他为之贴上了无政府主义者的标签；但杜林不是无政府主义者，他的政治哲学

中几乎没有任何无政府主义的内容。——作者注

36．［德］弗里德里希·尼采：《道德的谱系》，梁锡江译，上海：华东师范大学出版社 2007 年版，第 192 页。

37．马克思、恩格斯：《马克思恩格斯文集》第九卷，北京：人民出版社 2009 年版，第 95 页。

38．［德］弗里德里希·尼采：《朝霞》，田立年译，上海：华东师范大学出版社 2007 年版，第 254 页。

39．［德］弗里德里希·尼采：《查拉图斯特拉如是说》，钱春绮译，北京：生活·读书·新知三联书店 2007 年版，第 49—50 页。

40．马克思、恩格斯：《马克思恩格斯文集》第三卷北京：人民出版社 2009 年版，第 447 页。

41．马克思、恩格斯：《马克思恩格斯全集》第二版第三卷，北京：人民出版社 2002 年版，第 41 页。

42．马克思、恩格斯：《马克思恩格斯文集》第三卷，北京：人民出版社 2009 年版，第 193—194 页。

43．马克思、恩格斯：《马克思恩格斯文集》第三卷，北京：人民出版社 2009 年版，第 197 页。

44．马克思、恩格斯：《马克思恩格斯文集》第四卷，北京：人民出版社 2009 年版，第 417 页。

（二）平等主义

　　在回应我对马克思和社会主义的尼采式辩护时，许多人可能会指出尼采对平等主义的出了名的厌恶，认为这样做产生了冲突。许多人仍然声称，马克思从平等的角度来理解共产主义的目标，或者说，在区分"机会平等"和"结果平等"的情况下，马克思希望得到绝对的结果平等。这是令人痛苦的乏味，不仅仅是因为结果的平等和机会的平等是以彼此为前提的，不能以假定的方式分开——例如，财富的差异，通常被归类为结果的不平等，同时对机会的差异有很大影响。无论如何，马克思从未将平等（或任何其他道德标准）作为一种理想来谈论。马克思提起平等主义的事例之一是在《哥达纲领批判》中，他在那里谴责平等主义是一个无用的资产阶级概念，同时还有公平工资的概念。在回应德国工人党提出的纲领时，他强烈反对他们的措辞，因为他们要求"消除一切社会和政治不平等"。说马克思**反对**平等并不一定正确——他首先不认为这是一个连贯的政治要求，只要我们用这样的措辞说话，我们就永远无法掌握马克思真正的激进主义。对平等的要求包括什么？阶级之间的平等？马克思想**废除**阶级，而平等不可能是不存在的东西的属性。经济上的平等？马克思想超越经济这个范畴！经济是什么？在一个资本不再作为独立于特定人类及其活动的实体而存在的世界中，经济将指什么？显而易见，生产和分配仍将被组织起来，但不是在交换的基础上，因此也不是按照经济路线。政治平等的情况也是如此。在一个不存在国家的社会中，什么会赋予人们政治平等？马克思寻求的不是被异化的类别之间的更大平等，而是废除这些类别。

在马克思提出平等问题的为数不多的作品之一中，他写道：

> 权利，就它的本性来讲，只在于使用同一尺度但是不同等的个人（而如果他们不是不同等的，他们就不成其为不同的个人）要用同一尺度去计量，就只有从同一个角度去看待他们，从一个特定的方面去对待他们……把其他一切都撇开了。
>
> ——马克思《哥达纲领批判》[1]

人们可以谈及各个方面的平等——力量平等、收入平等、社会影响力平等——但要假设**简单的**平等，绝对平等，只能是荒谬的或毫无意义的。因此，虽然社会主义肯定会

在某些方面纠正不平等，但这将视情况而定，涉及诸多因素，以"平等"为政治理想的特权无法为我们提供指导。毕竟，一方面平等的增加总是伴随着另一方面平等的减少。如果给定两个生产效率不同的工人，你让他们的小时工资相等，你必然会使他们**每件产品**获得的报酬**不相等**，反之亦然。请注意，即使是马克思用来描述共产主义高级阶段的著名的"各尽所能，按需分配"的原则，也是与个人权利的自由主义教条不同，就其表述方式而言，也没有平等概念的基础。恰恰相反，它的出发点是假设人们有**不同的**能力和**不同的**需求——换句话说，人是**个体**。

因此，马克思不仅从未在平等方面提出任何政治理想，他甚至没有暗示或预设平等，而平等主义在马克思的作品中甚至很少被提及，这正是因为他很少把它作为一种政治要求。恩格斯在给奥古斯特·倍倍尔的信中证实了这一点，他在信中称"消除一切社会和政治不平等"是一个"最可疑的表述"：

在国和国、省和省，甚至地方和地方之间总会有生活条件方面的某种不平等存在，这种不平等可以减少到最低限度，但是永远不可能完全消除。阿尔卑斯山的居民和平原上的居民的生活条件总是不同的。把社会主义社会看作是平等的王国，这是以"自由、平等、博爱"这一旧口号为根据的片面的法国看法，这种看法作为一定的发展阶段在当时当地曾经是正确的，但是，像以前的各个社会主义学派的一切片面性一样，它现在也应当被克服，因为它只能引起思想混乱，而且因为已经有了阐述这一问题的更精确的方法[2]。

而且，它肯定还会产生"精神混乱"，甚至可以说特别适合于这个目的。由于平等的概念只有在谈到**某些方面**的平等时才有意义，因此**这样的**关于平等的讨论掩盖了处理平等的方面，常见的结果是讨论中的双方会在**不同的方面**谈论平等，从而完全是在谈论对方。毫无疑问，这一点经常被人故意利用。

前监狱长泰克拉·米勒（Tekla Miller）在她的回忆录《穿粉色的监狱长》（*The Warden Wore Pink*）中提供了一个可笑但具有启发性的例子，说明了平等主义话语的陷阱。正如书名所示，米勒认为自己是一名女权主义社会活动家，同时也是一名监狱长，并以此身份为男女监狱的平等而奋斗。她参与的运动之一涉及监狱之间武器的不平等分配，米勒哀叹说，女子监狱的看守只能获得数量较少的物品，如猎枪、步枪、煤气罐和防暴设备。她进一步抱怨说，在越狱尝试中，男囚犯比女囚犯更有可能被枪杀。在她争取平等的运动中，她为所有性别的囚犯争取了被枪杀的平等权利。安吉拉·戴维斯（Angela Davis）——我把这个例子归功于他[3]，指出这种自由主义的、形式主义的平等观念被用来使女子监狱的条件更加压抑。人们很可能会反对这个例子，因为它显然是荒谬的。它是荒谬的（即使一些监狱长会不同意），但这恰恰是一个很大的问题，因为人们没有储备足够的概念来解释**为什么从纯粹的平等主义角度来看**

它是荒谬的。

人有不同——他们拥有不同的特征、属性、能力，他们在不同的环境中与不同的关系互动。因此，今天仍然常见的标准自由主义的平等概念化认为，在相关意义上，平等是独立于特定环境和品质而存在的。自由主义理论中的这一反应起源于基督教传统，它认为每个人都拥有一个灵魂，在上帝面前是平等的。那么，让人们平等的，是独立于特定环境的东西。这解决了矛盾，但在政治上却毫无用处，因为政治**总是**通过时间和空间中的特定环境和条件展开的；除非运用零敲碎打的方式，否则它们不可能被处于这些环境和条件之外的东西所告知。

把平等变成绝对理想的唯一途径是通过某种激烈的非物质主义的形而上学结构（如基督教的灵魂，或某种本质主义的人性概念）——正如阿玛迪奥·博尔迪加（Amadeo Bordiga）所说，"（它认为）每个人都是许多潜在的同等单位组成的系统中的一个完美'单位'，而不是根据个人的多种生存条件，即他与他人的关系来评估个人意见的价值，是以个人的'主权'为假设，先验地设定这种价值。"[4] 这种观点是通过基督教（所有个人都拥有一个根本上平等的灵魂，它独立于所有特定的属性和经验环境）和资本主义意识形态（所有个人作为权利拥有者、合同签署者、交易代理人的身份是平等的）的综合而出现的。因此，这种平等主义不仅与尼采相悖，也与马克思和马克思主义传统相悖，因为它只能建立在对"人的意识是对其存在的事实和物质条件的具体反映"[5] 这一事实的否认上。如果尼采可以被称为反平等主义者，那么马克思也可以。

注释:

1. 马克思、恩格斯:《马克思恩格斯文集》第三卷，北京: 人民出版社 2009 年版，第 435 页。

2. 马克思、恩格斯:《马克思恩格斯全集》第一版第 34 卷，北京: 人民出版社 1972 年版，第 124 页。

3. Angela Davis, *Are Prisons Obsolete*? New York: Seven Stories Press, 2003, Ch. 4.

4. Amadeo Bordiga, "The Democratic Principle", *Rassegna Comunista*, February 1922.

5. 同上。

（三）权利

但是，社会主义至少不是关于**权利**平等吗？要回答这个问题，我们首先要问什么**是**权利。尼采在《朝霞》中将它们定义为"我们证明他们关于我们的力量的观念，按照他们给予我们的多少做出相应的回复"[1]。

在尼采看来，这些"他者"有两种方式获得这种权利：

1. 通过他们的"审慎、恐惧和谨慎"。另一个阶级要么期望从我们这里得到一些回报，要么认为与我们的斗争是无用的或危险的，要么在我们力量的削弱中看到一种不利因素——例如，在对付共同的敌人时。

2. 通过"捐赠和让渡"。一个阶级拥有过剩的权力，并且能够通过将其交给我们来处理其中的一部分。在这样做的过程中，他们"预设了我们对权利的一种微弱的感觉"。授予我们权利成为他们表达优势的一种方式。

换句话说，权利本质上是"被承认和保证的权力程度""如果权力关系发生任何实质性的改变，某些权利就会消失，新的权利就会产生"。这可以通过两种方式发生。

1. 如果我们的权力在物质上被削弱，我们权利的授予者就会改变他们对我们的态度，通常会剥夺我们以前拥有的"权利"。

2. 如果我们的权力实质上增加了，我们权利的授予者就会试图压制我们的权利，阻止它们的增加，并以"义务"的名义——对已经确立的权利的义务——为其辩护。

这是一个非常有用的说明，因为它明显是唯物主义的，以群体之间的斗争为基础，因此与马克思的方法完全兼容。作为其有效性的证据，人们只需要考虑劳工权利。在大萧条时期，当美国工人开始组织起来并大大增加了他们的物质力量时，统治阶级突然通过尼采所说的"审慎、恐惧和谨慎"建立了新的工人权利。他们害怕阶级斗争变成革命，并给予工人额外的权利来满足他们——因此有了新政。然而在里根时代工人的权力大大削弱了，这正是尼采—马克思主义的权利观所预测的结果："如果我们的权力实质上被削弱，那些迄今为止保障我们权利的人的感觉就会改变：他们是否可以将我们恢复到以前享有的全部财产——如果他们觉得无法做到这一点，他们将从此否认我们的'权利'。"贯穿整个阶级社会历史的无数例子都证明了这一点——即使是最基本的"人权"也必须争取，而且只能通过权力的物质增长来获得，正如反奴隶制斗争和民权运动所清楚表明的那样。

尼采的权利观比许多自称为社会主义者的观点更适合

革命运动。它不仅让我们能够将那些被称为"永恒""自然"和"不可剥夺"的权利置于其历史背景中，还让我们看到它们是如何被我们行使的权力塑造和重塑的。

这导致了关于"平等权利"的什么结论？权利是一个对我们行使权力的群体给予我们的让步；因为它们预设了**强制**执行的权力（通过警察部队或军队），所以它们只能由一个物质上占主导地位的群体有意义地授予一个从属的群体。权利的授予必然预示着我们的权力被异化，因此在一个无阶级的社会中，整个权利框架将被取代。毕竟，在一个我们不再直面和被一个对我们有权力的外部机构所支配的社会中，谁会授予我们权利呢？另一方面，只要阶级仍然存在，权利**在定义上**就不可能是平等的，因为它们的实施从根本上取决于竞争群体之间的权力不平衡。

这是马克思远离自由主义政治思想范畴的众多例子之一。**我们的**社会主义需要一个社会，在这个社会中，我们的社会权力不再被异化，不再被国家剥夺——在这样一个社会中被授予的平等权利意味着什么？

有些人可能对这种对权利的批评持合理的怀疑态度，因为必须进行多少斗争，必须付出多少鲜血才能建立和确保今天受到弱势群体极大重视的权利。我并不是说通过某些权利运动取得的进步和他们赢得的让步是不重要的。争取工人权利、妇女权利、民权运动、性少数者（LGBT）权利的斗争——这些不仅显著改善了许多人的生活，而且通过这些斗争，各种被剥夺权利的群体组织起来，从而赋予了自己权力。这是不可否认的。然而，需要这些权利的原因首先是证明一个社会存在根本性的异化，证明一个建立在统治者和被统治者之间鸿沟的社会，由社会权力脱离直接控制的公民组成。各种以权利为基础的运动让这个社会变得更加宽容，但只要这种异化存在，建立起来的权利就永远岌岌可危。克服整个权利框架是建立一个社会的必要条件，在这个社会里，人的自我赋权不是一种必然，而是社会生活的基础。

注释：

1. ［德］弗里德里希·尼采：《朝霞》，田立年译，上海：华东师范大学出版社 2007 年版，第 149 页。

（四）个人主义

1

将马克思和尼采进行对比的最没有洞察力的、过度简化的和无聊的方式之一是将前者称为集体主义，后者称为个人主义。这样的二元划分总是掩盖了最重要和最有趣的细节，将思想家还原为一个先入为主的模式中的占位者。对马克思来说，共产主义如果不是"个人的自由发展和运动"[1]，就什么都不是，而尼采在整个职业生涯中一直坚持的酒神（Dionysian）理想，是一种超越有限的个人视角的状态。人们可以简单地在个人主义或集体主义中选择其一的想法是由现代性孕育出来的，它的粗暴与马克思或尼采这样的思想家完全相反，他们都明白这两个范畴存在于相互的辩证关系中。

2

至于个人在精神上的现实丰富性完全取决于他的现实关系的丰富性，根据上面的叙述，这已经很清楚了。只有这样，单个人才能摆脱种种民族局限和地域局限而同整个世界的生产（也同精神的生产）发生实际联系，才能获得利用全球的这种全面的生产（人们的创造）的能力。各个人的全面的依存关系、他们的这种自然形成的世界历史性的共同活动的最初形式，由于这种共产主义革命而转化为对下述力量的控制和自觉的驾驭，这些力量本来是由人们的相互作用产生的，但是迄今为止对他们来说都作为完全异己的力量威慑和驾驭着他们。

——马克思、恩格斯《德意志意识形态》[2]

对"个人主义"的理想所做的一切，是资本主义试图为自己辩护的狡猾的独创性的一个例子。个人主义之所以成为如此珍贵的价值，首先是因为我们被剥夺了多少，我们是多么地匮乏，我们是这样被阻碍——正是因为人们被剥夺了作为个人的乐趣，个性才成为人们如此重要的关注点，成为产品广告时的有力卖点，成为谴责社会主义的有力立场。巧妙的是，资本的思想家们会利用资本主义主动使之无法实现的这一理想作为为资本主义**辩护**的手段！

当人们谈到成为一个人的愿望时，他们的意思是什么？显然，我们在这里说的不是一个中性的术语，也不是默认的东西——我们说的是作为一种理想的个性，作为可以或多或少实现的东西，可以获得或失去、维持或阻止。这个词很模糊，它的含义会因人而异，有重点、有深浅、有细节（这种模糊性经常被利用来达到很好的效果），但有一些共同的观点可以被合理地提出来。当一个人想成为一个独立的个体时，他们希望感受到自己是可控的、自主的，能够在影响自己生活的问题上做出决定；他们希望感受到自己人格中独特的部分是重要的，并被慎重对待，他们希望能够有尊严地表达这些；最后，他们希望能够以所有使他们与众不同的方式**发展**自己，从事他们重视的工作，追求他们重视的活动，并发展对他们而言至关重要的所有天赋、技能、权力和能力。

可以安全地假设，在普通人的个人理想中，至少有一个因素会被认为是重要的，而对于绝大多数人来说，资本主义阻碍了**所有**这些因素。大多数人成年后的大部分时间都听从经理和老板的安排，通常到了对自己工作生活的控制力比中世纪农奴还要少的地步，他们对穿什么、什么时候吃，甚至没有发言权。他们没有自己的立场，更不用说关于组织、生产和分配的决定了。当然，很少有人承诺在工作场所拥有自主权或控制权，甚至很少有人天真地期待它。另一方面，政治领域则增添了嘲讽的意味，假装人民有机会改变现状，有机会参与决策，甚至有机会参加国家的管理！在大多数情况下，这一切都被归结为未来几年代表自己国家的杰出人物的影响微乎其微，他们从几乎不存在的选项中挑选，几乎区分任何可以找出差异的地方，而且除了对那些用资本赞助他们的人之外，他们基本不用负任何责任。

那么人的独特性呢？被当作一个人对待，对他自己来说已是一个足够雄心勃勃的要求。大多数工作场所在计算利润时将人员简化为数字，将其视为劳动力而非个人的来源，并在合适和合法的情况下将其处理掉。作为消费者，一个人的意义通常被简化为提供金钱以换取产品和服务，为了追求这种交换，广告商会将其简化为消费模式、统计单位和人口统计的替身。一个人的人格表达通常仅限于与朋友和家人的社交互动的小范围内，自资本主义开始以来，这个领域本身就一直受到对金钱和财产的非人性化、有时是破坏性的要求的影响——甚至这个领域正在稳步被商品化或分崩离析，以至于许多人痛苦地怀念 20 世纪充满确定性的中产阶级家庭生活，将其视为伊甸园，而年轻人之间的社会隔离正在加剧，甚至把友情变成奢侈品。

资本主义，比之前所有存在过的社会关系的制度体系都更加**非人**化，绝不是因为它与人们的个人生活无关，而是因为它独立于所有个人的愿望和向往而运作，不管所有个人计划和获得控制权的尝试，在其不断推动资本积累的过程中，将这些作为纯粹的外部性抛在一边。说资本主义是独一无二的非人性化个体首先不是一种道德判断，也并不意味着资本主义是历史上"最糟糕的"或最具剥削性的社会制度。相反，它是关于资本主义社会下个人——任何个人——的客观边缘地位的主张。在奴隶社会，主人征服奴隶；在封建社会，领主征服农奴；在任何一种情况下，劳动者都是为了统治者的个人愿望和野心而受到剥削。在资本主义制度下，征服工人的不再是人，而是资本本身的社会关系在征服人类。在奴隶社会中，主人以牺牲奴隶的个性为代价来表达自己的个性。在资本主义中，资本以牺牲个性为代价制定其法律。正是从这个意义上来看，它独具非人个性。我们不能直截了当地谴责这种社会状况比以往所有的社会制度都"糟糕"，因为它具有双重潜力：一方面，这种非人格性威胁着人类自治的存在，甚至有可能导致我们走向完全自我毁灭；另一方面，这种非人格化以异化的形式展示了人类力量空前的加速和扩张；因此，它向我们展示了第一阶级社会，克服它不能取决于建立一个新的阶级社会，而必须以完全**肯定**人类自治而告终。

正如前文所述，通过有价值的活动实现发展，在日常工作中追求满足，也是不容易的。大多数人的生活都是在工作场所度过的，这些工作场所积极阻止个人发展和满足的所有可能性，而广告的目的就是反复向潜在的客户承诺满足，而这些承诺必须一次又一次地更新，却永远不会得到满足。对大多数人来说，日常生活是如此疲惫不堪，甚至空闲时间也常常只是用来休养生息——为第二天做准备，而不是用来逃避现实——而且常常是通过有害和自我毁灭的方法。对其他人来说，从事有价值的活动成本太高，或者分配的自由时间不足。这还不算是地球上大多数人的情况：他们的生活环境如此糟糕，无论是缺乏住所、食物还是基本的安全感，甚至连自由时间的概念都已经融化成一种没有区别的单纯的生存流。

即使主要是为了满足需要，实践活动也往往可以增强力量、丰富内在，但雇佣劳动的运作恰恰是通过消除这种可能性——把满足需要和增强力量分开。资本主义下劳动的乏味性、支配性和约束性使得一个人可以在一个特定的工作场所待上十年，但仍然感觉不到他们的个性得到了更大的发展或丰富。

> 在私有制的前提下，我的个性同我自己疏远到这种程度，以致这种活动为我所痛恨，它对我来说是一种痛苦，更正确地说，只是活动的假象。因此，劳动在这里也仅仅是一种被迫的活动，它加在我身上仅仅是由于外在的、偶然的需要，而不是由于内在的必然的需要。
>
> ——马克思《詹姆斯·穆勒〈经济学原理〉一书摘要》[3]

> 劳动对工人来说是外在的东西，也就是说，不属于他的本质。因此，他在自己的劳动中不是肯定自己，而是否定自己，不是感到幸福，而是感到不幸，不是

自由地发挥自己的体力和智力，而是使自己的肉体受折磨、精神遭摧残。

——马克思《1844 年经济学哲学手稿》[4]

很明显，构成世界市场的社会关系与培养个人主义没有多大关系，每个特定国家的社会结构——无论这个国家多么富裕——都剥夺了大多数居民享有骄傲个性的特权。无论在哪里赢得个人自由的增加，他们都是通过汗水和鲜血赢得的，通常是工人阶级的汗水和鲜血，他们流血不仅是为了改善他们的日常工作条件，而且是为了扩大政治参与和言论自由，为了被剥夺权利的少数族裔的权利和尊严，为了医疗保健和教育，以及反对国家的暴政；反对它的暴力、镇压和监视，反对非法逮捕和大规模监禁，反对违背你的意愿打一场卑鄙的战争，谋杀那些与你有更多共同点的人，而不是你自己的统治者。每一次胜利都是向着实现个人自由的一小步——每一步都构成了获得新的选择和新的视野，可以推动个人的自我实现；或者至少是抵抗国家侵犯已经存在的可能性的行为。正是因为它们威胁到了国家和资本——个人的终极敌人，这些胜利才遭到如此强烈的抵制和压制。但是，如果资本主义确实反对发展任何实质性的个性，它又是如何成功地为自己的目的劫持了个人主义的语言呢？它首先承担了资本主义造成的社会原子化（事实上，这本身就是真正个性的主要障碍之一），并将其转变为个人主义的首要理想：不干涉个人生活作为一个孤立的社会原子；对自由和个人主义的纯粹否定概念。

鉴于我们的世界是多么彻底地渗透着社会原子化，大多数人甚至不会想到去质疑个人主义是对原子化的个人缺乏干预的观点。如果像自由主义理论那样，将原子化的个人作为所有人类社会的起点，那么完全可以直观地认为，只要没有干扰，特别是来自"集体"的干扰——暴民或暴政国家威胁要将个人吞噬在其中，那么个人的个性就会得到默认。然而，由于自由主义理论的普遍性，有一个看似明显的建议很少在人们的头脑中出现。如果个人在本质上并不反对或违背集体呢？相反，如果人类个性的实现**需要**集体生活、集体参与为其提供的机会和优势呢？资本主义意识形态从未考虑过的建议是，存在着一些社会组织形式，在这些社会组织中，个人彼此受益、互为补充，他们不是作为社会原子聚集在一起，只为了实现他们各自的私人利益，而是作为社区的成员聚在一起，正是在他人的**社区中**他们实现自己作为独特的个体。某些前资本主义社会直观地理解了这种可能性——个人与集体之间的互利和谐的可能性，例如，个人将自己视为其中的一部分，而不是外部的一个原子的社区/村庄。

将个人从社区、集体决策、社会中剥离出来，并**不像**右翼的"自由主义者"所认为的那样，增加他们的个人自由。相反，它**阻断**了一个人的个性和自由发展的大部分道路，把大多数人变成了只会**妨碍**你的障碍物；它剥夺了你发挥自己的能力、才能和兴趣的机会，而这些能力、才能和兴趣绝大多数都涉及并依赖于与其他人的牢固社会关系。资本主义的异化常常使个人变成一个悲惨的、不安全的、畏缩的、多疑的或被激怒的人，因为社会的大多数，甚至在一个人的周围，看起来是异己的，是敌对的，或者充其量是冷漠的，在你和它之间有一条不可分割的鸿沟。正是**这种**状况使许多人感到自由是在分离和孤立中找到的，是在拒绝社区、否定社会中找到的，但他们这样做只会让自己屈服这种异化。

在现代性的大众想象中，社会原子化已成为永恒的生活事实，一个无须再三思索的假设；它被视为默认的、自然的事物状态，只要个人在其合法的私人领域受到干扰，就会违反这种状态。正如现在关于社会契约的陈词滥调的故事中所说，曾几何时，所有个人都作为非社会生物孤立地生活在这种自然条件下。然而，由于政府或政治团体将提供的好处，个人决定聚集在一起，放弃独居生活的优势，以在政府的权威下获得更安全、法治的生活。就像所有前社会生物一样，他们通过签订合约来达成交易。马克思和尼采都意识到了这个故事的荒谬性；这样做即为假定它是一个基本事实，个人可以独立于社会化过程并在其外部发展，就好像一个人的兴趣和需求**本质上**不是社会化的一样。

> 最初做创造者的，是各个民族，后来才是个人；确实，个人这种东西，乃是最近的产物。
>
> ——尼采《查拉图斯特拉如是说》[5]

人作为社会的群居动物，才学会意识到自己……

——尼采《快乐的科学》[6]

虽然社会原子化通常被认为是社会的默认状态，只被特定的干预实例打破，但实际上这种原子化本身只是通过"干预"——通过施加暴力力量——产生的。资本主义本身只有通过历史发展才成为可能，例如英格兰的圈地运动，在此期间，公有土地被收购、私有化和围起来。村民被强行迁移，公有土地被没收，他们牢固建立的公社联系被打破，取而代之的是交换关系。个人与集体的分离是一种暴力和血腥的发展。然后，"集体"承担了国家的非个人和人为特征，被大多数人视为异类。因此，个人和集体都通过相同的过程被摧毁。

资本在每一步都限制着个人——它给每一个人投下阴影，不回应任何人。它使人们在竞争中相互竞争，迫使他们在零和游戏中争夺资源，因此，大量的个体非但不能起到补充个性的作用，反而不断地被视为潜在的障碍。在我们的社会互动中，资本使我们不是作为个人进行互动，而是作为完全非人格化实体的可替代物——财产、阶级、劳动力、商品、品牌。在绝望地寻找身份的过程中，许多人诉诸民族主义，他们错误地认为民族主义代表了他们的家、童年记忆、最亲密的熟人和他们的遗产，结果却更深地淹没在不露面的群众中，这群人用国旗掩盖了它的非人本性。

3

社会主义是否贬低个人，从而加强集体？不，社会主义不需要那样做，因为资本主义已经彻底完成了贬值。资本主义下的个人沦为资本的奴隶。是的，即使是有产者也是这样的奴隶。资本主义不是一个社会，在这个社会中，许多人的苦难和辛劳让有权势的人能够确立自己的价值观并作为理想发光发热——一个亚里士多德在奴隶背上崛起的社会。谁能看到埃隆·马斯克（Elon Musk）或马克·扎克伯格（Mark Zuckerberg）并在他们身上看到**超人**的表现？一个人可能是工人，牺牲自己的身体和努力来创造财富，或者一个人可能是所有者，牺牲自己的理想和原则来成功经营，但无论哪种情况，表现出来的都是对生命的否定，绝对的不人道，完全屈从于资本："有产阶级和无产阶级同样表现了人的自我异化。"[7]

有些人害怕社会主义是一种反个人的制度，因为他们认为它剥夺了人们的东西。但他们忘记了资本主义已经剥夺了全球绝大多数人口的财产，那些有幸拥有住房的人很可能是从某个不负责任的房东那里租来的，或者大多数人大半辈子都在一座不属于他们的建筑里工作，用不属于他们的工具，为不属于他们的公司致富，以换取他们帮助生产的微薄财富，而这些财富可能永远不足以买得起不动产。

让我们来考察一下在我们的假定中出现的不同因素。我的劳动是自由的生命表现，因此是生活的乐趣。……我在劳动中肯定了自己的个人生命，从而也就肯定了我的个性的特点。劳动是我真正的、活动的财产。

——马克思《詹姆斯·穆勒〈经济学原理〉一书摘要》[8]

对我们来说，如果没有从活生生的个人的角度来体验社会主义，那么它就什么都不是。事实上，它是由创造自我肯定条件的个人创造和发展的。生产资料由**社会**管理的社会主义世界将是个人在生产、组织和分配过程中拥有发言权的世界，并且可以通过这一过程确认和赋予自己权力。只有这样，个人才能拥有自由，不仅仅是消极的、否定生命的自由，还是积极的、真正的自由。只有这样，一个人才能成为一个人，正如尼采的座右铭所说的那样。只有当美德不再被购买或租用，当它们不再被商品化、市场化或广告宣传时，一个人的美德才能反映出这个人的本质。人们怀疑这样一个世界是可能的，但它的可能性在革命时刻得到了证明，例如巴黎公社的建立，使每个人都有可能参与政治，或者在整个 20 世纪全球各地自发出现的革命工人委员会，它们将决策权从资本的魔爪中夺回，将办公室和工厂置于人的控制之下。在这样的时刻，个人感到自己得到了肯定和授权，不是反对集体，而是**置身**集体之中并**通过**集体——我们的目标是创造一个以这样的时刻为标准的世界。

注释：

1. 马克思、恩格斯：《马克思恩格斯文集》第一卷，北京：人民出版社2009年版，第573页。

2. 马克思、恩格斯：《马克思恩格斯文集》第一卷，北京：人民出版社2009年版，第541—542页。

3. 马克思、恩格斯：《马克思恩格斯全集》中文第一版第42卷，北京：人民出版社1979年版，第38页。

4. 马克思、恩格斯：《马克思恩格斯文集》第一卷，北京：人民出版社2009年版，第159页。

5. ［德］弗里德里希·尼采：《查拉图斯特拉如是说》，钱春绮译，北京：生活·读书·新知三联书店2007年版，第62页。

6. ［德］弗里德里希·尼采：《快乐的科学》，黄明嘉译，桂林：漓江出版社2000年版，第282页。

7. 马克思、恩格斯：《马克思恩格斯文集》第一卷，北京：人民出版社2009年版，第261页。

8. 马克思、恩格斯：《马克思恩格斯全集》中文第一版第42卷，北京：人民出版社1979年版，第38页。

三、道德和扬弃

1

道德攻击是马克思和尼采的许多共同点之一。但道德攻击实际上意味着什么呢？我们必须确定这个词在这里的含义。有时，"道德"这个词被用在一个极其宽泛的意义上，它被等同于任何规范性的东西，即任何一种以"好"或"坏"、"更好"或"更坏"为标准的评价，或者任何一种关于"应该"做什么的声明。很明显，从这个广泛的意义上看，没有道德就没有生存之道。在这种定义下，马克思可以说是一个道德家，因为他谴责了异化或剥削，或渴望人类解放。事实上，尼采会说，在这个广义上，**所有的**生活都是规范的，所有的经验都是一种**评价**。然而，对"道德"还有一种更狭义的却很突出的理解，在哲学话语中，它有时与"伦理"有所区别。它倾向于为自己主张以下一个或多个特征。1. 它是普遍的，同样适用于所有人；2. 它的义务是无条件的；3. 它是非历史性的；对所有时间和地点都有效；4. 我们有道德责任来遵循它；如果我们不这样做；应该感到内疚或悔恨；5. 根据它，我们的行为可以被判断为"善"或"恶"的绝对条款。正是因为西方哲学中对道德的**这种**理解，主要来自于基督教传统，因此马克思和尼采对此毫无耐心。它包括许多基督教形式的道德，康德式的道德，功利主义，以及许多关于什么是"正确"的常识性观点。我们可以把这种对"道德"的特殊理解用大写字母 M 的 "道德" （Morality with a capital-M）表示①。

2

尼采从几个方面、以不同的方法攻击*道德*。他首先攻击的是其前提的逻辑有效性。例如，所有形式的道德都依赖于人们拥有无条件的自由意志的观点——一个人总是可以自由地选择他将采取的行动。此外，人们认为，只有当一个人在选择行动时表现出无条件的、不确定的自由意志时，才能对该行动进行道德上的判断。这需要一个逻辑上的荒谬：一个无因的原因。因为，一旦我们承认这个人的行为有一个原因，而这个原因反过来又有另一个原因，以此类推，无穷无尽，那么我们就不得不承认，这个行为不可能是完全自由的、完全不确定的——至少在某种程度上，它是由以前的原因产生的一个结果。

事实上，在某些情况下，这种观点导致了完全的自相矛盾。尼采在《漂泊者及其影子》中提出了这个论点：道德责任以自由意志为前提，这种意志是不确定的——不受先前原因的制约。然而，据说道德责任的归属也需要确定实施该行为的**理由**。然而，理由将是一个原因——一个由理由决定的意志，一个事先的原因，不可能是不确定的或

---

① 以下用斜体表示。——译者注

没有原因的。因此，许多常识性的道德概念所预设的对自由意志和道德推理的描述，是**互不相容**的。

3

然而，这种认知上的攻击，就其本身而言，是相对薄弱的。毕竟，道德的遵循主要不是出于认知的原因。大多数人在决定一件事是对是错之前，很少会查阅道德哲学的文献，而专业的哲学家们总是会找到一些方法来摆脱他们已经认定正确的道德信念所带来的逻辑问题。因此，尼采利用的第二种方法，特别是在《道德的谱系》中，是**历史方法**。

尼采认为，**所有社会现象都有历史**——没有一个社会现象可以用永恒的、普遍的和绝对的术语来理解。如果没有各种制度和社会规范的捍卫，任何形式的道德都不会有效力，因此任何形式的道德都无法在导致其传播的利益之外被理解。而当道德被认为是永恒的，将其描绘成历史发展已经是一种攻击形式。例如，恩格斯认为，"一切以往的道德论归根到底都是当时的社会经济状况的产物。而社会直到现在是在阶级对立中运动的，所以道德始终是阶级的道德"。[1] 当声称某种道德永恒存在之时，以这种方式将其历史化已经是一种质疑和怀疑的方式。但是这使得另一种攻击形式成为可能：别有用心地揭露。尽管各种道德家都试图通过争辩说他们的行为完全是出于道德考虑来使自己看起来不错，但历史化可以揭示出其中的利益。不难看出，例如，不偷窃的道德戒律如何保护某些阶级的利益高于其他阶级。如果从超市偷食物的饥饿者被判定为邪恶，那么，这对于资产阶级来说是非常有用的；同时，同样的道德法则不适用于超市的老板，因为他们剥削员工的劳动力，浪费食物，或提高价格以使其难以获得。

尼采特殊的历史化在各种道德化案例背后暴露了不仅是不可告人的，而且是虚伪的动机。要理解这一点，我们必须研究尼采在《道德的谱系》的第一篇文章中对所谓的奴隶道德兴起的描述。尼采所说的"奴隶"是指以各种方式被剥夺，并且缺乏任何实践上处理这种剥夺的手段的人。如果他们无法获得食物，他们就会宣称暴食是种罪过。因为他们无法报复他们的敌人，他们宣称愤怒和复仇是种罪过。因为他们缺乏财富，他们宣称贪婪是种罪过。如果他们不能上床，他们就会宣称欲望是种罪过。通过这种方式，他们试图宣称他们缺乏的东西实际上自己根本不想要，从而在自己的无能中茁壮成长，从而将他们的弱点变成美德。换句话说，奴隶道德作为狐狸和葡萄寓言的极端版本出现：狐狸无法够到挂在树上的葡萄，它宣称它无论如何也不想要它们，因为它太酸了。这是这个寓言的一种极端形式，因为奴隶们不仅宣称某种特定的"葡萄"是不受欢迎的——他们还宣称，渴望葡萄本身就是有罪的！产生奴隶道德的不是奴隶的剥夺，而是他们对这种剥夺的反应方式，而今天占主导地位的全部道德都起源于这种奴隶的反应。

道德的起源不仅是虚荣和两面性的。他们还受到**复仇**的驱使，而道德家们在同一时间将其判定为罪恶。因为奴隶们无法在现实生活中以物质和实质的方式获得权力，所以他们以想象的方式发挥他们的复仇动力。他们不仅因为自己的弱点和缺乏而把自己说成是美德，然后把他们的敌人——那些人**确实**拥有他们所缺乏的东西——说成是**有罪的，因此注定要下地狱**。一个世界观被发明了，根据这个世界观，奴隶们被说成是胜利者。

尼采引用托马斯·阿奎那的话来说明这种复仇的动力在道德中的表现，他说，在天堂的乐趣之一就是可以从上面看着罪人在地狱里被烧死。这是一种无私的、不偏不倚的美德形式的表现吗？这也不是一个特殊的例子。想想所有教导"爱罪人"的传教士，他们同时以告诉性少数者（LGBT）将在地狱中被烧死为乐。尼采就是这样揭示了隐藏在传教士的道德说教之下的病态。事实上，最爱说教、最爱道德化、最爱清规戒律的人往往也是那些最被虚伪的仇恨和怨恨的报复所驱动的人。

4

《道德的谱系》的一个广泛的教训，一次又一次地被证明是正确的，那就是道德经常作为一种由无能驱动的报复手段，是一种行使权力意志的迂回的方式。侵略性的道德化总是由缺乏真正的权力和日益增长的怨恨共同产生的，这最终只会加剧无能的感觉。当不满伴随着无助感，而又找不到直接的出路时，如果不求助于历史之外的某个领域，又能转向哪里呢？

我们可以在社会主义的历史上找到许多这样的例子。一个明显的早期案例是19世纪90年代的所谓马克思主义危机。危机的出现是因为社会主义者认为1873—1896年的欧洲大萧条将是资本主义的死亡之痛，而当全球资本主义扩张意外地恢复时，悲观主义随之而来。德国社会民主党领袖爱德华·伯恩施坦①（Eduard Bernstein）的反应最具有生命力：他认为马克思主义所缺乏的是抽象的道德，并开始将他的社会主义建立在康德伦理学的基础上。与此同时，他还拒绝了辩证法思想，甚至拒绝了革命本身，而支持议会改革——从各方面讨自由主义。总而言之，可以用伯恩施坦那句恰如其分的平庸陈词来概括它："献身于共同利益！"[2]重要的是要记住，在世纪之交，"社会民主党人"还不能与"改革派"互换。因此，社会民主主义转变为没有骨气的改良主义，以及伴随着它的最糟糕的理论发展，是伯恩施坦和他的追随者开创的，是对政治悲观主义浪潮的反应。其产物有时被称为"伦理社会主义"，而当新自由主义者托尼·布莱尔认同这一标签时，得出了其合乎逻辑的

---

① 爱德华·伯恩施坦（Eduard Bernstein，1850—1932年），德国社会民主主义理论家、政治家。1872年加入德国社会民主党，1975年成为哥达合并代表大会代表。1880年结识马克思和恩格斯，在后者的影响下成为科学社会主义的拥护者。

结论。

20 世纪 70 年代经历了工人阶级斗争和政治创造力的突然而短暂的复兴，但很快就衰落了，让位于新自由主义，历史重演，某些社会主义者经历了同样的悲观主义，接着是同样的道德主义和同样的改革主义。与伯恩斯坦坚持认为必须用（反革命的自由主义者）康德来补充马克思的观点相呼应，学术界对资本主义的批评变得越来越道德化和抽象化，往往是以正义的名义提出的；只不过这一次远离马克思的举动甚至没有得到掩饰。所谓的"分析性马克思主义者"在这个过程中崭露头角，继承了伯恩斯坦的改良性"伦理社会主义"。虽然伯恩斯坦和他的追随者通过完全融入资本主义而在政治上发挥了自己的作用，但分析型马克思主义者根本没有什么政治影响力。首先是悲剧，然后是闹剧。

但是，即使面对巨大的失败、一时的悲观情绪和无能为力的感觉，也不需要顺从、自满和妥协。我们可以通过尼采在《看哪这人：尼采自述》中关于疾病和颓废的说法来理解这一点。颓废，正如尼采所定义的那样，是指一个人对自己的疾病做出反应的方式：如果一个人通过加重病情来应对疾病，那么这个人就是颓废。改良主义者就是这样对付资本主义的，实际上他们相信自己已经通过灵魂的道德主义和肉体的自满而加剧了疾病，但他们已经找到了解决政治悲观主义的方法。颓废者充其量只能适应疾病，而不是对抗它。相反的类型——**提升**生命的代表——通过将疾病**转化**为"生命的能量**刺激**"来应对疾病，通过利用经历的失败和错误使自己变得更加强大，例如当身体的免疫系统在战胜疾病后得到改善；一旦下一次革命机会出现，不颓废的社会主义者就会变得更加强大。

在社会主义领域，这种不颓废的反应的例子会是什么？在 1917—1919 年德国革命失败后，马克思主义理论家阿尔弗雷德·索恩-雷特尔①（Alfred Sohn-Rethel）认为，西方马克思主义的新浪潮——包括恩斯特·布洛赫②（Ernst Bloch）、瓦尔特·本雅明③（Walter Benhamin）、赫伯特·马尔库塞④（Herbert Marcuse）、西奥多·阿多诺⑤（Adorno）和霍克海

---

① 阿尔弗雷德·索恩-雷特尔（Alfred Sohn-Rethel，1899—1990 年），德国哲学家、社会学家和经济学家。他提出功能社会化的剥削关系决定了现代性认知结构的机能。第一次系统地追问了康德在认识论中实现的"哥白尼翻转"的历史唯物主义答案的可能性。代表作有《智力劳动与体力劳动》和《德国法西斯主义的经济与阶级结构》。

② 恩斯特·布洛赫（Ernst Bloch 1885—1977 年），德国著名哲学家。代表作有《本时代的遗产》《主体—客体》《希望的原理》《图宾根哲学导论》等。

③ 瓦尔特·本雅明（Walter Bendix Schoenflies Benjamin，1892—1940 年），犹太人学者。出版有《发达资本主义时代的抒情诗人》和《单向街》等作品。有人称之为"欧洲最后一位文人"。

④ 赫伯特·马尔库塞（Herbert Marcuse，1898—1979 年），德裔美籍哲学家和社会理论家，法兰克福学派的一员，被西方誉为"新左派哲学家"。代表作包括《历史唯物论的现象学导引》《辩证法的课题》《黑格尔本体论与历史性理论的基础》等。马尔库塞始终站在资本主义社会实践斗争的最前线，始终把对哲学、文化、意识形态理论的批判与对资产阶级社会的现实状况的批判结合起来。

⑤ 西奥多·阿多诺（Theodor Wiesengrund Adorno，1903—1969 年），德国哲学家、社会学家、音乐理论家，法兰克福学派第一代的主要代表人物，社会批判理论的理论奠基者。代表作有《启蒙的辩证法》《否定的辩证法》《美学理论》。

默①（Horkheimer）等人物——"作为从未发生的革命的理论和意识形态上层建筑而发展。在它里面，重新响起了1918年圣诞节在柏林争夺马厩的枪战的雷声，以及第二年冬天斯巴达克斯起义的枪声。"³ 也许一场伟大的革命，尽管它失败了，但它都会产生一些类似于自己的上层建筑的东西。这样，我们就可以从理论上说明社会主义者对失败的反应的不同之处：上升的社会主义者发展了在那个幽灵般的革命上层建筑中产生的理论，尽管它失败了，而颓废的社会主义者反而变得与先前存在的资产阶级上层建筑更加友好。前者抓着那未实现的健康，期待它的复兴，后者则屈服于病态，让自己被它定义。

5

尼采攻击作为一种控制方法的道德。当人们相信自己是罪人时，尤其是再加上对地狱的恐惧，他们会很乐意将权力交给那些成功地将自己呈现为救世主和道德改革者的人。尼采抨击"自由意志"的概念是"世间最臭名昭著的神学家的手腕，目的是让人类按他们的想法'负起责任'，

---

① 马克斯·霍克海默（Max Horkheimer，1895—1973年），德国第一位社会哲学教授，法兰克福学派的创始人。霍克海默致力于建立一种社会批判理论，他提出把马克思主义称为批判理论，提出要恢复马克思主义的批判性，对现代资本主义从哲学、社会学、经济学、心理学等方面进行多方位的研究批判。出版有《作为理论哲学与实践哲学之间链环的康德的判断力批判》《资产阶级历史哲学的开端》《黑格尔与形而上学问题》《真理问题》《传统理论和批判理论》《启蒙的辩证法》（与阿多诺合著）和《理性之蚀》等著作。

这就是说让人类**依赖于自身**"[4]。作为这方面的例子，只需要想想中世纪的基督教教堂是如何出售"赎罪券"，以确保一个人在天堂的位置。

但是，今天通过道德化获利最多的并不是教会，把注意力放在教会身上是一种误导。最有利可图的道德化形式是将所有的反抗、抗议、群众行动都判定为邪恶。去年，美国的抗议者不断受到道德谴责，因为他们把攻击财产作为一种反抗的形式，而多年来的和平抗议却毫无效果。与此同时，同样的道德家们却把杀人的警察从所有这些指责中豁免。道德家们对每天发生的国家暴力没有任何疑问——当无辜的人被警察谋杀，被监禁，被剥夺基本的生活必需品，甚至当医院和平民在国外被轰炸。一旦人们厌倦了，并采取大规模行动来挑战这种持续的暴力，无期徒刑者就会突然开始哭泣，发表关于只有和平抗议才是合法的布道。当坚持"和平主义"的理想来为持续的系统性暴力辩护时，道德的两面性就会被清楚地显示出来。即使是马丁·路德·金——否定生命的人总是为此目的而提起他——在他的时代也不断被斥为暴力和危险。

罪恶感的宣传不仅被反动派作为武器，还在内部困扰着社会主义左派。当左派被识别谁是错误的、有罪的、有问题这一冲动所驱使，并独立于人类解放的运动之外来解决这个问题时，我们就陷入了道德主义的最阴暗的深处。为了归罪而归罪，为了惩罚而惩罚，不顾后果，这不过是为了残酷而残酷。

6

马克思和尼采总是以世俗的方式进行哲学思考——他们把哲学讨论**建立在**世俗的斗争中。他们以同样的方式对待道德。尼采将其揭示为在地球上、在整个历史中、在与明确的利益相关的情况下发展起来的东西，而不是从上面传下来的东西，或我们本性中固有的东西。他不仅揭示了它背后的历史，还揭示了驱动它的心理：他揭开了它所有可耻的一面，揭开了它所有人们试图隐藏的特征。在道德家们试图发现永恒的理想的地方，尼采只看到了"人类，所有的人类"。

但是，尼采对道德进行了最后的、令人难以置信的强大攻击：即它破坏了生活的乐趣。道德把人们变成了罪人，让他们充满了罪恶感，让他们恨自己。这不仅是残酷的，而且是适得其反的，它以最糟糕的方式影响了那些已经被无价值感所困扰的人。它不是鼓励人们改变自己和他们生活的世界，而是经常导致人们进行自我鞭笞，然后是自我厌恶的认命。当**生活本身**被谴责为不符合道德标准时，这就达到了最终的结论——对自我的憎恨扩展为对世界的憎恨。这就是禁欲主义理想的含义：一种只通过加重人们的问题来解决他们的问题的道德，这种道德教人们责备自己，鼓励他们少要和少求，放弃和辞让。

与此相反，尼采宣称"生成的纯真"。生命本身从根本上说是无辜的。只有特定的人类才赋予它有罪的特征。"我们这些非道德主义者在竭尽全力，要把罪与罚的概念，重新清除出世界，试图让心理学、历史、自然、社会机构和它们的制裁，变得纯净。在我们眼里，没有比神学家更激进的敌对势力了。他们继续以'道德的世界秩序'概念，用'惩罚'和'罪责'来玷污生成的无辜"[5]，将生命从罪孽和罪恶中解放出来，从而使它变得快乐——尼采称之为**"伟大的解放"**[6]。

7

但是，有些人可能会反对，社会主义不正是我所攻击的那种道德化的例子吗？它不是试图将资本家描绘成在道德上负责任和有罪吗？诚然，社会主义有道德化的形式，但这不是我们的社会主义形式，也不是马克思所坚持的。毕竟，马克思清楚地表明，考虑到资本家的利益及其社会经济地位，他们只是在做合理的事情。社会主义革命的目的不是**惩罚**任何人，而是改变社会关系，使剥削、监禁、发动战争不再符合任何人的**利益**；使惩罚变得多余。如果不是对生命的肯定，对人的存在的实现，它的最终目标就不算什么。激进主义实际上是与道德主义截然相反的：道德主义意味着识别个人的罪行并付诸惩罚；激进主义就是抓住问题的**根源**，问题的根源从来不是个人的罪恶感，而是**社会关系**。马克思在宣称"当轮到我们动手的时候，我们不会用虚伪的词句来掩饰恐怖手段"[7]时，肯定了生成是无罪的。这是因为革命不是要找出有罪的人并对他们进行惩罚，而是要承担起上帝的角色并决定谁应该得到什么，用道德辩护的语言包装它——"借口"。革命只能在否定对于肯定而言是**必需**的范围内进行否定——在革命中，如果某物被摧毁，不是因为它的罪行和罪孽，不是因为它"应得"什么，而是因为它考虑到改变生命所必需的事物。如果革命成功了，它不**需要**借口；所有的说教都变得多余了，因为行动不言自明，不需要伪装。

8

德里达认为，法律和权利来自于复仇——一种对等的体系，在这种体系中，惩罚是以道德上的违法行为为**交换条件**的。在尼采看来，这样一个等价交换系统是罪恶感的起源。因为惩罚者**喜欢**他们给犯罪者带来痛苦的能力（国家代理人如此利用它的原因之一），痛苦可以被用来作为对犯罪者所犯罪行的回报。换句话说，违反道德的行为会产生债务，而违法者的痛苦和被剥夺的权利会被偿还。当货币不是身体上的痛苦，而是内在的、精神上的痛苦时，这就表现为内疚，一种非自愿的自我惩罚。愧疚感被法律制度作为武器，能够给犯罪者带来痛苦，而不直接行使惩罚，即身体上的惩罚，从而使惩罚更加有效。鉴于"司法系统"的虐待狂起源，内疚和怨恨渗透到整个西方法律传统中，在这种传统中，复仇的欲望正式成为法律准则（在最原始的情况下，司法系统的法律准则是关于确定某种违法行为和必须为之付出的某种程度的痛苦或剥夺之间的等价物）。该法典允许掌权者进行审判、复仇、伤害和惩罚。无论谁"负责"这样一个系统，其基础都是否认生成的无罪性。

因此，《查拉图斯特拉如是说》中题为"苍白的犯罪者"这一节谈到了法官和"苍白的犯罪者"之间的关系。两者都从根本上沉浸在上述的传统中——都被批评为受复仇和报复的驱使——都被鄙视。即便如此，尼采对罪犯的赞扬多于对法官的赞扬。"你们法官们，你们杀罪人，应该是出于同情，而不是报复。在你们杀人时，要注意，你们自己是在肯定人生！"[8] 这种为生命辩护的要求的问题在于，**作为法官的法官没有能力**肯定生命，因为整个司法传统是建立在罪与罚的分配上的，取决于对成为无罪的否定。整个章节都在攻击这种职业的道德化性质——"你们处死的人，你们应称之为'敌人'，而不该称之为'坏人'；你们应当称之为'病人'，而不该称之为'流氓'；你们应称之为'蠢人'，而不应称之为'罪人'。"[9]

尼采认为"罪犯"是一种社会建构——被贴上罪犯标签的人是"形象"的受害者——"表象使这个苍白的人变得苍白了"。换言之，具有犯罪性质的不是行为本身，而是司法系统赋予它的形象。——被审判的人不再只是一个犯下罪行的人，而是一个罪犯——一个由一个人的**犯罪行为**所**定义**的人："我称此为狂乱：他把这个例外行动误认为是他自己的本质。"[10]

尼采更喜欢罪犯——一个至少有足够勇气去犯罪的人："你们的善人有许多事使我作呕，确实，并非是他们的恶。我倒愿意相信他们有一种狂乱，让他们因狂乱而毁灭，就像这苍白的犯罪者一样。"但是法官，不能"狂乱"，即不能犯罪，"（可是）他们有他们的道德，为了让他们长生，过着可怜的舒适的生活。"[11]

苍白的罪犯的越轨能力是可敬的，但问题是这种越轨行为还不是肯定的。为了更好地理解这一点，让我们把它具体化：作为一个例子，苍白的罪犯可以被确定为个人主义的无政府主义的恐怖分子。这样的恐怖分子是值得赞扬的，因为他们有能力"疯狂"、越轨而不是屈从于现状，甚至他们的鄙视能力也比那些除了适度满足之外没有能力的人——没有选择能力的"屁股"，对一切都说好的人——更加值得赞扬。在这个意义上，罪犯的价值高于法官的价值，但鄙视，尽管它作为一个垫脚石很重要，也必须被克服。苍白的罪犯是萨特称之为"叛逆者"的类型，与"革命者"形成对比。叛逆者希望保留他所反抗的制度，以便叛逆可以无限地继续下去；因此，叛逆者的"疯狂"是一种纯粹的否定，并要求继续再现被否定的东西，以便否定可以持续下去。

为了不再"苍白"，恐怖分子必须肯定自己的违法行为，但却不能这样做，因为这需要克服整个虚无主义的司法传统，而恐怖分子想要继续无限期地反抗这个传统，正是这个系统首先将恐怖分子命名为"苍白"和"罪犯"。换句话说，肯定需要一种超越个人恐怖主义的组织形式，它不仅能够否定，而且能够肯定超越被否定的制度的东西——它必须涉及对现代性固有的怨恨的拒绝。

个人恐怖行为往往产生于对某些被认为有罪的个人的责任归属；最终，它只能是一种惩罚行为，既个人化又道德化——再次遵循某种对等的体系。例如，当生态恐怖分子攻击一个破坏环境的公司的首席执行官时，攻击的不是使这种环境破坏成为可能的一套社会关系，这样的攻击也没有使我们更接近结束环境污染，从而使地球得到肯定。相反，攻击所达到的目的是将污染个人化，使其与一个人相联系，然后将其道德化，使这个人被理解为因其邪恶的本性而造成的污染，并因此受到惩罚。只要个人的恐怖行为仍然是这样的，它就不可能是肯定的，因为它否认了"生成的无罪"，并在其敌人中看到应受痛苦的罪人。换句话说，它与国家的司法系统共享一个基础，只是它是一个非官方的、非正式的版本。罪犯是"苍白的"，因为他们自己适用了一个非法法官的角色。

一旦尼采表明法律体系反映的是历史上偶然的东西，而不是任何永恒的法律，一旦他进一步确定"罪犯"的标签是由无端的颠倒而人为构建的东西，剩下的就是摧毁它。这也是革命阶级能够拥有陷入虚伪的统治阶级永远无法拥有的诚实的地方。为了揭露这种虚伪的明显的荒谬性，让我们绕到历史细节中去。巴黎公社是 1871 年由法国工人阶级在巴黎建立的短暂政府，它让所有公民都有能力积极参与政治——

这是工人第一次能够在社会的政治生活中发挥作用，进行审议和讨论，选举和罢免，担任政治职务，而不因此成为"政治家"。统治阶级一看到工人阶级的政治参与，就吓得浑身发抖，并暂停了普法战争，只为集中精力消灭他们**真正的敌人**。马克思在谈到法国国民军在资产阶级的命令下对敢于组织自己、增强自己、肯定自己的革命工人进行的可怕的屠杀时写道："每当资产阶级秩序的奴隶和被压迫者起来反对主人的时候，这种秩序的文明和正义就显示出自己的凶残面目。那时，这种文明和正义就是赤裸裸的野蛮和无法无天的报复。"[12] 在这样的时代，人们甚至不需要求助于隐藏在道德之下的虐待狂和报复本能的症状理论——它就在表面出现了。

当法国国民军接到镇压公社的命令时，顷刻间血流成河——军队杀害了男人和女人、老人和儿童、武装人员和非武装人员。虽然估算不一，但至少有一万，甚至可能多达三万的巴黎市民被屠杀，被扔进公园和广场的乱葬岗。在被捕的 38000 名工人中，受害者被任意挑选出来枪杀（即使在当时，这一习俗在战争中也被长期禁止），不允许逃亡。在等待审判期间，囚犯被关押在极其拥挤和不卫生的条件下——在那些被认定有罪的人（绝大多数）中，有些被判处死刑，有些被强迫劳动，有些被驱逐出境，有些被单独监禁，最幸运的人被送往监狱。他们为什么会遭此待遇？因为他们敢于表明工人阶级有能力管理自己。

大屠杀发生后，法兰西政府对起义原因进行了调查，他们的结论不带一丝讽刺意味：叛乱是由缺乏对上帝的信仰造成的。被认为渎神的不是国民警卫队的士兵，他们谋杀了儿童和他们的父母、祖父母，他们围捕手无寸铁的囚犯和逃犯，用他们的生命赌博。不，那些使工人参与政治成为可能的革命者，他们甚至没有寻求将统治扩展到巴黎之外——他们才是无神论者。如果这还不够侮辱人，法国国家政权压迫巴黎公社被总统阿道夫·梯也尔宣布为"秩序、正义和文明的胜利"。法国统治阶级无意中教会了我们一些关于现有社会的不愉快的真相：我们的上帝站在那些谋杀儿童的人一边，而我们的秩序、正义和文明是建立在乱葬岗上的。

马克思说，要找到类似的残酷事例，就"必须回到苏拉和罗马前后三头执政的时代去。同样是冷酷无情地大批杀人；同样是不分男女老幼地屠杀；同样是拷打俘虏"[13]。但工人阶级斗争的历史并没有就此结束，不幸的是，在马克思死后，无数这样的屠杀再次发生了。这样的血案在20世纪初的德国重演，这次是在社会民主党政府的手中。议会中的社会民主党人荒唐地认为自己是代表社会主义行事的，因为害怕失去议会权力，他们更愿意站在原法西斯分子一边，而不是革命的工人。原法西斯主义的准军事团体自由军团（Freikorps），在社会民主党政府的直接命令和批准下，谋杀了数百名罢工的工人（这一点，再加上社会民主党人命令德国人民投票给保罗·冯·兴登堡，他最终会签署赋予希特勒政权任意权力的法案，从这里可以明显看出，纳粹的权力并不是在没有准备的土壤上生长的——它产生于国家对工人反抗的残酷镇压）。在鲁尔区的一次起义中，至少有 1000 名工人被屠杀。著名的革命领袖罗莎·卢森堡和卡尔·李卜克内西，几年前他们还在社会民主党内，后来因为无法支持第一次世界大战而离开，最终被自由军团折磨并处决。当革命开始消亡，革命工人派出代表与政府谈判时，这些代表被带走并被枪杀。这一次，无情的流血事件是合理的并不是代表上帝的意思。执政党据说是代表工人运动行事的。由于他们与反动精英和原法西斯分子合作，社会民主党人竟敢把魏玛共和国的失败归咎于激进的社会主义者。在这一点上不应该感到惊讶的是，正是**改革派**的社会民主党人，那些对革命的粉碎负有责任的人，倾向于声称社会主义政治必须辅以抽象的道德理论。

统治阶级为了保护自己的利益而采取的残酷行为是无底限的，没有任何法律可以抑制它的愤怒和对鲜血的渴望，没有任何神圣的道德原则，要是有什么挡了国家和资本的道，那就不会被打破。正是因为统治阶级知道他们不能让自己的行为为自己说话，所以他们必须否认生成的是无罪的。他们必须发明罪恶和内疚的顺序和程度，将他们的对手归类为应受谴责、违法者和罪犯，设计适当的惩罚，不要太残忍，并在远离现实世界的地方证明这一切——通过发明一个超凡脱俗的层次道德来掩盖和美化他们的暴力。最荒谬和最无耻的借口将被发明出来，只是为了掩盖统治阶级为自己的利益行事的事实——它会向每个人承诺，它是为了正义、社团、公共利益，国家或国家的利益而行事。

甚至是工人阶级。最骇人听闻、最虚伪、最嗜血、最复仇的人物觉得有必要用道德和正义的语言来补偿他们的行为。另一方面，为什么工人阶级革命者能够以他们的诚实为荣呢？因为他们不需要伪装的、说教的外衣。通过他们说话的不是道德、正义、文明或上帝，而是他们对生命的渴望，他们不需要代表任何人说话，只代表他们自己——没有为恐怖实践找借口。

> 积极主动的、具有进攻性和侵犯性的人总是比被动反应的人要大大接近正义；对他而言，完全没有必要像被动反应的人所做的或必须做的那样，错误地、先入为主地评价他的客体。所以，事实上，作为更强壮、更勇敢、更高贵的人，进攻型的人在任何时代都具有更自由的目光，也更加心安理得和问心无愧。
>
> ——尼采《道德的谱系》[14]

如果克服内疚是可能的，那么这种克服只能由一个革命阶级来进行—— 一个**为自己说话**的阶级——这需要**自决**。这是因为工人在革命过程中，不是在等价计算的基础上进行操作的，这种计算是有罪的——报应的基础。他们不必以喜欢换喜欢，用惩罚换犯罪，用内疚换罪责。正是因为这些的存在，人类才能撕掉覆盖在犯罪上的"形象"，不再**苍白**。

9

青年马克思曾经写道，一旦对宗教的批判完成了，换句话说，一旦理解了上帝的死亡，其结果就是"（从而也归结为这样一条绝对命令：）必须推翻使人成为被侮辱、被奴役、被遗弃和被蔑视的东西的一切关系"[15]。这段话非常有趣的是马克思对康德道德术语"绝对命令"的使用，它绝不是马克思常规词汇的一部分。康德用这个词来指代本身是好的行为，不管所有可能的后果——普遍道德法则所要求的义务。他用它来维护标准的道德禁令，例如撒谎和盗窃。命令是绝对的，而不是假设的，因为它在所有情况下、所有时间和地点都有效。

从表面上看，康德的道德是马克思所反对的，因为他反对所有抽象性质的道德。马克思思想高度历史化、实践性和战略性的性质也通常与认为某事可以被判断为绝对好而独立于其周围背景、环境和潜在后果的想法相反。因此，有趣的是马克思对这个康德术语的使用是多么具有**颠覆性**。

尼采嘲笑康德和他的道德哲学，因为它强调对道德法则的消极服从。鉴于所有的道德都是部分的自我验证，尼采认为康德的道德是康德使自己合法化的方式，似乎在说："在我这里可尊敬的那种东西就是'我能够服从'——而且你们那里的情况不**应该**不同于我这里的情况！"[16]然而，马克思的绝对命令并不包含对预先存在的法律的服从，而是包含积极的、**变革**的活动——**推翻**社会关系，即所有阻碍人类自我肯定的社会关系。当人们想起康德明确否认人们有革命的权利时，这种颠覆就更加引人注目了——对他来说，反抗政府在定义上是**不正确**的，因为是政府本身必须授权反抗才能使其"正确"。马克思肯定意识到，用康德的一句话不仅解除了对革命的禁止，而且还把它变成了一种命令，这是一种讽刺。

但这个词的使用不能简化为颠覆和讽刺。如果没有合适的东西来使用这个词，颠覆本身作为一种修辞工具是无效的，而这种合适性揭示了马克思如何看待人类解放的一些重要内容。革命不只是具有工具性的价值，还是实现有价值的东西的一种价值中立的手段。仅仅为了它所产生的后果而需要的东西，即为了它作为工具的使用而需要的东西，用康德的语言来说，将是一种**假想的**命令——**例如**，如果一个人想解渴，他就用一种假想的命令来喝水。马克思一反常态地使用"绝对命令"，表明革命对他来说不是这样的。毫无疑问，一场成功的革命会满足许多工具性的需求，但它背后的核心动机比这更深；它甚至超越了采购食物和获得住所的特定需求。如果在马克思那里有任何接近道德法则的东西，那就是：抵制非人化本身是有价值的，即使革命最终失败了。这并不是因为对道德法则的任何服从和顺从，而是因为在抵制非人化的过程中，人们试图确认自己作为一个**创造价值**的**存在**，而这种**价值**是超越所有工具性价值的东西。

对这种立场有一个明显的反对意见——这种对非人化的反对不正是尼采所攻击的那种道德原则吗？对于尼采来说，人类和所有生物一样，从根本上说是一种偶然的、历史的、不断变化的生物。因此，将一个永恒的、统一的道德体系强加给它，将是对人类作为一个不断变化的历史存在的真实本性的破坏和遮蔽。但这正是非人化对一个人的影响：它把本质强加给他们，使他们成为静态的、被动的和不变的。因此，反对非人化并不是尼采所反对的那种道德的例子——相反，只有通过反对非人化，我们才能诚实地理解我们作为人类是什么；或者更准确地说，我们作为人类总是处在生成的过程中。

10

当生命最终被肯定时，奴隶道德、怨恨、禁欲主义理想会发生什么？为了回答这个问题，我们需要研究马克思和尼采都使用的一个辩证概念：**扬弃**（Aufhebung）[1]。

德语单词扬弃经常让译者头疼，因为它包含几个相互矛盾的含义，这些含义在任何一个英文单词中都没有充分体现。它在辩证法中的作用表达了三个特殊的含义：**取消、保留和提升**。矛盾的含义是恰当的，因为这个概念是指同时取消、保留和提升的辩证运动；在这种情况下，一个要

---

[1] "扬弃"的名词形式为 Aufhebung，动词形式为 aufheben。——作者注

素的废除是用新的东西代替了它，同时在其自身内部保留了先前的辩证过程。例如，共产主义对马克思来说是一种扬弃：它取消了，意味着它废除了阶级社会；它保留了，意味着它仍然保留着在过去的阶级社会历史中发展起来的生产力；它提升了，因为前阶级社会的初始历史阶段——原始共产主义——在最后阶段被再生产，但在更高的层次上，共产主义的高级阶段得到**提升**，但不再是原始形式。这就是为什么**扬弃**有时是以**否定的否定**结束的原因：阶级社会随着私有财产否定原始共产主义（第一次否定）而出现；共产主义革命反过来否定私有财产（否定之否定）；由此产生的阶段不仅仅是回到原始共产主义，而是将它"提升"到更高的阶段。对于尼采来说，生命的肯定，或者**超人**的出现，就是一种**扬弃**。它**取消**了怨恨和内疚的支配地位，取消了道德和苦行者的理想；它**保留**了在苦行理想的控制下发展起来的人类能力，例如自我反省和自律的能力；最后，它**提升**了，因为它带回了人类本能尚未被压抑的前社会阶段，但它在更高的层次上复制了它，现在将这些本能与自我反省和自律的力量结合起来，苦行理想的发展使这成为可能。

这只是尼采像马克思一样宣扬辩证法思想的一个例子。尼采甚至在描述此类过程时使用了"废除"一词。在《道德的谱系》中，他写道，正义以经历自我废除（self-abolition）而告终；尽管他更喜欢德语单词 Sublimierung（更容易翻译为"扬弃"——"sublation"），这个词的拉丁语起源 sublimare 在德语中再次被翻译为"扬弃"（aufheben）。《道德的谱系》有一段甚至提出了一个辩证法，毫不含糊："所有伟大事物都是因为其自身，因为一种自我扬弃的行为而走向毁灭的：这就是生命的法则，生命的本质中那必不可少的"自我超越"的法则所追求的东西——而最终，法则的制定者本人也不得不面对这样的一种呼喊："patere legem，quam ipse tulisti（请你忍受你自己制定的法律）。"[17]

《道德的谱系》中描述的历史进程始于主人的道德，涉及贵族的朝气和活力，然后被奴隶起义（第一次否定）所否定。但是，当生命再一次被肯定，进行一次价值重估时，这就构成了**否定之否定**，完成了**扬弃**。重要的是要注意到最后的否定中的"提升"元素，因为这种克服是尼采绝对不是反动分子的原因——至少是在如果我们把反动分子理解为希望社会回到以前存在的状态的人的情况下。关于尼采的一个普遍误解是，他想回到荷马式的希腊，更确切地说，回到先前存在的、古老的、大师的道德，反对目前存在的奴隶道德，因此对价值的重估仅仅是一种逆转——回归到奴隶起义之前的状态。这是完全错误的，不仅仅是因为这样的情况显然是不可能的。正如否定之否定所暗示的那样，尼采不想回到古代大师道德的形式，就像马克思不想回到原始共产主义一样。在《超越善恶》中，尼采描绘了道德发展的三个阶段，完全符合扬弃的概念：前道德阶段、道德阶段和道德**外**阶段。仅这种分类就清楚地表明，道德之外的最后阶段，即废除道德，不仅仅是回到道德之前，而是一种全新的发展。

这一点可以通过《查拉图斯特拉如是说》得到进一步

的阐释。当主角经历十年的孤独生活后下山时，他遇到的第一个人是树林里的圣人，这个圣人对查拉图斯特拉想"下山"感到惊讶——"像在海中一样，你曾生活在孤独之中，海水负载过你。哎呀，你要上岸？哎呀，你又要拖曳你的身体行走吗？"[18]在这里，尼采受到了他那个时代的生物学发现的影响，并暗指这些发现，他从这些发现中了解到，动物曾经生活在海里，当它们发展出腿来承受之前由海里承担的重量时，就逐渐出现在陆地上。那么很明显，大海对于圣人来说意味着什么：没有负担，被人携带，漂浮，而不是用自己的腿。查拉图斯特拉拒绝"待在海里"，本质上是对所有那些反动派的攻击，他们的目标是回到人类"长出腿来"之前的荣耀的过去，可以这么说——圣人表达了一种否认和拒绝关键的过去发展的愿望，而不是对其的推崇。作为这个圣人的表现，我们可以列出许多种类的传统主义者、反动的社会主义者、封建主义者和无政府主义的原始主义者——回顾遥远的过去，就像回顾伊甸园一样，并憎恨改变它的发展，希望整个工业发展的历史从未发生。他们无法做到尼采所说的"amor fati"，即对信仰的爱，即使是在错误中也要肯定过去——"按照这种观点，连生命中的种种失误，暂时的弯路和歧途，迟疑，'谦虚'，浪费在使命彼岸的热忱，等等，都具有本身独特的价值和意义。"[19]回到辉煌的过去的理想在集体—历史层面和个人—个人层面都有类似的表现——尼采本可以对他早期对学术语言学的献身感到非常反感，因为这使他无法追求真正热爱的哲学；然而在他生命的最后阶段，他却肯定了这一点，认为这在他成为尼采的过程中是痛苦的，但却是关键的；他是对的。如果没有多年来对古代文献的解析、对学术生活的忍受以及对年轻人孜孜不倦的教导，我们所知道的尼采就不会存在。尼采的"**信仰之爱**"的观点将这种经历的痛苦和乏味作为整体发展的一个重要方面加以肯定。

作为社会主义者，只要不从**信仰之爱**的角度来看待历史，我们就会对过去永远怀恨在心；我们会诅咒它，而它反过来又会拖累我们，远离现在，背向未来。将过去的发生方式归咎于过去是最容易的事情，将之前的每一刻都视为一种谴责，指责过去耽误了未来或让现在来得太晚。但这只会消耗人们现在的能量，并用它来助长错误的过去的形象，这将成为我们面前的障碍。**信仰之爱**意味着与过去合作：信仰之爱意味着将过去视为自己发展目标的必要条件，并为未来的转变埋下了种子；而且至少在过去的某个时刻，即便否定是否占上风，肯定似乎是不可能的，我们应该在其中看到一些等待在未来被肯定的事物。

回到生物学的隐喻，离开海洋是种负担，但查拉图斯特拉欢迎它，因为它是唯一能产生新的进化可能性的东西。那些把过去理想化的人宁愿我们截掉自己的腿，但即使这样也不能让我们回到水中——我们会留在陆地上，只是现在失去了四肢，这不是政治反动的一个很好的比喻吗？反动分子打着"返璞归真"的幌子，回到前现代性，要我们"截断"现代性发展的一切，到头来还是不能否定它。只有一个选择：我们必须用我们的腿走得更远。为了从视觉上说明**扬弃**，我们可以指出，将我们的腿加强到完全掌握和控制我们的体重的程度，并不是回到漂浮在水中，而是一种全新的发展，它在一个方面回到了第一个阶段（减轻我们的体重），但与第二阶段（我们拥有腿，使我们能够进行新的进化）相结合——发展被**扬弃**，从而使繁重和疏离的东西变成肯定和强大的东西。

如果对尼采的这种解释看起来有点牵强，那么让我们听听尼采本人的说法，他在《偶像的黄昏》中尽可能明确地拒绝了所有倒退的发展：

说给保守党人听。人们以前不知道，人们今天知道和能知道的事——任何意义及任何程度上的退化和倒退，都是绝对不可能的。至少我们生理学家知道这点。不过所有的教士和道德学家却相信这点，——他们想把人类送回到过去的一种德行规范上。道德曾经一直是一个普洛克路斯忒斯之床。甚至那些政治家也在这方面模仿德行布道者：即使今天也还有些政党，它们把一切事物的"蟹行梦想"为目标，但是没人有当螃蟹的自由。无济于事：人们必须前进，也就是说在颓废中一步接着一步地继续向前（——这就是我对现代"进步"的定义……）。人们可以阻碍这个发展，通过阻碍，拦住并且积聚蜕化自身，使它来得更猛烈，更突然：更多的事人们做不到。[20]

尼采在这里提到的进入颓废期的发展与马克思（后来成为加速主义者的主要影响之一）分析的类似发展相对应，

根据这种发展，资本在被废除之前必须扩张，我们不能让它的时钟倒转。我们也不能将时钟倒退到奴隶起义发生之前，我们甚至不会想这样做。对于尼采来说，奴隶起义之前的主人翁道德可能是有生命力的，但它仍然是**哑巴**——在无意识物质是哑巴的意义上，它缺乏所有有意识的张力、分裂、二元性、对立和冲突，这些都是有趣的人的特征。尼采将前社会的猛兽描述为"艺术家"，但仍然是"非自愿的、无意识的"艺术家——强大而勇敢，但没有能力有意识地塑造自己和自己的世界。

因此，我们可以设想，尼采希望的否定之否定也是关于"本能"和"良知"的要素。在辩证法的第一阶段，主人肯定了他们的本能——他们冲动地生活，立即释放他们的冲动，并自由地漫游。然而，这种纯粹的本能性既不能创造一致的社会结构，也不能创造文化，在这个原始阶段，人几乎不能与动物区分开来。无论他们喜欢与否，主人的本能之一就是创造社会结构，因为这种创造既为他们的本能提供了额外的出口，也有助于更有规律地满足他们的物质需求。然而，具备相当规模的社会结构不能仅仅靠本能的冲动释放来维持：它们要求构成这些结构的人具有一定程度的规律性、可预测性和约束性。因此，通过暴力的社会教育和惩罚过程，人民群众被教导要保持在维护社会体系所需的界限内。所有在以前自由释放的本能现在都被压制和内化了，最终形成了"良心"，我们进入了辩证法的第二阶段：良心出现了，但是是对本能的**否定**。

如果说良知是对本能的否定，那么它的进一步否定将带来价值的转义——**超人**，在这里，辩证法的两个要素得到了升华：对否定的否定恢复了第一阶段的快乐本能，并否定了第二阶段，但仍保留了其中积极的东西——即规律性的能力，因而这也是一种承诺，以及意识和思考的整个发展。其结果是实现了自我控制和自我引导：本能不再是不分青红皂白地排放（第一阶段），也不再是不分青红皂白地压制（第二阶段）。相反，意识本身"都已经深入到了他的内心最深处，并且变成了他的本能，占据主导地位的本能。"[21]本能和意识不再作为不可调和的元素出现，试图否定对方——意识本身成为本能的来源。

像往常一样，尼采与马克思的类比是存在的，因为他也强调了自我管理和自觉商议的目标。第一阶段（原始共产主义）涉及公有制和集体社会审议，但这些都处在稀缺性的压力下和对自然力量的服从之中。第二阶段（阶级社会）最终消除了稀缺性和对自然的支配，但否定了第一阶段的社会集体审议的因素，因此，丰富的商品不能有意识地按照需求分配，导致生产过剩的危机。最后，第三阶段带来的是对否定的否定——共产主义。在这里，第一阶段的社会集体商议得到恢复，第二阶段以私有财产为特征的社会商议被否定，但仍保持其积极因素：丰富的生产。人类现在可以指导自己的方向，并自觉和自由地做出决定，因为与第一阶段相反，社会审议不再受限于稀缺性或自然力量的支配。

尼采说，今天最伟大的个人拥有主人和奴隶道德的**混合体**——我提出的辩证法语言阐明了原因——这是一个升华的例子。奴隶的反抗否定了生命，但它也在人们身上刻画出一种**内在**的生命，它使人们分裂开来，它使人们有可能与自己作斗争，反思自己，并决定有一个更高的理想来努力实现。人类必须在**杀死**上帝之前**发明**上帝，在**摧毁**上帝之前**积累**资本，在战胜上帝之前承受无意义的痛苦。这就是由否定之否定所表示的动力，它总是同时是一种**积极的**、**创造性的**运动。

辩证法思想强调，实体可以通过冲突、对立的方式来构成——例如，从狭隘的角度来看，资本主义可能是一个稳定的系统，但它只能在基本对立的基础上存在，例如劳动和资本之间的对立。当这种对立发展到一定程度时，依赖于这种对立而存在的实体就无法忍受这种紧张关系，从而被改变或崩溃。例如，尼采所确定的禁欲主义理想是由一个基本的对立所构成的：把宇宙理解为上帝创造物的世界观，将真理（关于这个创造物的知识）本身视为神圣和美好的，是对上帝意志的揭示，然而这种真理的意志发展到突破点时，最终破坏了它所产生的神论世界观。虚无主义的内部倾向发展到了相互破坏的地步，并摧毁了约束它们的东西。

因此，辩证法使我们能够看到，变革的趋势和变革的潜力是由我们试图克服的实体的运作所创造的——其内部运作为其自身的毁灭创造了条件。从广义上讲，这种方法是革命性的，因为它本质上是在所分析的事物中寻找改造和克服的机会。这就是一些"马克思主义者"把马克思对资本的分析与他的社会主义政治或革命活动分开是完全错误的原因之一。资本主义，**就其本质而言**，本身就包含着废除资本主义的积极可能性，并且只能通过同时为其自身的毁灭创造条件来发挥作用——因此，理解资本主义就是预测其毁灭。这对于尼采来说并无不同——毕竟，虚无主义并不是人类可以安身立命的平台——它只是一条可以穿越的钢丝。尼采挑选伊朗精神领袖琐罗亚斯德①（Zoroaster）作为第一个伟大的**非道德主义者**的代表是非常合理的，他被认为是善与恶之间形而上学对立的先驱。一个人通过同样的行为诞生了一个实体，就为它的消亡创造了条件。

所有这些都导致了马克思和尼采的中心思想——**扬弃**的最后一个关键方面：鉴于克服的可能性潜藏在事物的内部结构中，扬弃必须涉及废除执行它的代理人本身。

在《查拉图斯特拉如是说》中，这一事实用德语单词"**下降**"Untergang 表示，这使得尼采的辩证法特性更加不可否认。Untergang 的含义像扬弃（Aufhebung）一样多种多样，它用来表示"**落下**"，如"太阳的落下"，但它也可以被翻译成"**下坠**"，以及"堕落"或"毁灭"，而这些不同的含义在全书中被应用。第一个意思是在提到太阳时出现的——太阳不仅照亮了山峰，而且也进入到地下，给冥界带来了光明。查拉图斯特拉也必须走到下面，给世界的深

---

① 琐罗亚斯德（公元前 628—前 551 年），琐罗亚斯德教创始人，琐罗亚斯德教在汉语中又称拜火教或祆教。

处带来光明。同时，Untergang 在几种意义上是成为**超人**过程中的一个步骤——首先，在这个意义上，人必须成为尘世的人——可以说是从天上掉下来的：肯定自己的感性而不是虚假的超越；其次，在这个意义上，人必须体验生命的深度——甚至是居住在冥界的生命深度。但最重要的是，在经历这个过程时，人必须下沉，这次是在毁灭的意义上——人必须被**毁灭**，这样**超人**才能出现——事实上，这些只是一个过程的两面。

人类毁灭自己，正如无产阶级废除自己。再次，认识到这一点很重要，这样就不会把革命或价值转换误解为仅仅是一种逆转——工人与资本家之间或主人与奴隶之间关系的逆转——升华不是逆转。这是因为马克思的工人和尼采的奴隶都是**按关系**定义的，它们的废除也就意味着它们的反面被废除了。由于没有认识到这一点，许多对马克思的解释都陷入了工人主义——对工人的美化和永恒化。但是，工人**作为**工人的再生产没有任何革命性的意义。这只不过是资本主义本身的再生产，因为工人只存在于与资本的对立中，而一个人的再生产需要另一个人的再生产。在1921 年的全俄运输工人大会上，列宁回忆说，他看到一块标语牌，上面写着"工农王国万世长存"。他在思考这一宣言时说："我读了这条奇怪的标语，便想到，在我们这里连对这种最起码最基本的东西都存在着误解和不正确的认识。老实说，如果工农王国真的万世长存，那么也就永远不会有社会主义了，因为社会主义就是消灭阶级，而既然存在着工人和农民，也就存在着不同的阶级，因而也就不能有完全的社会主义。"[22]。

工人的革命能力不在于自己作为工人的再生产，而实际上是工人废除自己作为工人的能力。"当无产阶级取得胜利时，它绝不是成为社会的绝对一方，因为它只有通过废除自己和它的反面才能取得胜利。"因此，查拉图斯特拉宣称："我爱的是那种想超越自己去创造而由此毁灭的人。"[23]

11

禁欲主义理想为其自身的废除创造了条件；它所带来的自我反省和普遍评价为博爱创造了基础。某种意义上的**爱**，能够取代所有的道德说教、所有的责备和报复。对生命的爱，对人类的爱；正如埃里克·弗洛姆①（Eric Fromm）所定义的那样："爱主要不是一种对某个特殊人的关系；它是一种态度，一种决定一个人对整个世界而不是对某个爱的'对象'的关系的性格倾向。"[24]但这种爱发生在两个阶段，并按照我们所阐释的辩证过程发展。在第一阶段，爱是天真和不加批判的，而且必然是不完整的。一个努力全心爱和肯定的人，却从来没有越过这个第一阶段，只能是

---

① 埃里克·弗洛姆（Erich Fromm，1900—1980 年），人本主义哲学家和精神分析心理学家。毕生致力于研究和推进弗洛伊德的精神分析学说，以切合西方人在两次世界大战后的精神处境，其精神分析学说对世界有影响力。弗洛姆的作品以记录社会政治以及作为基础哲学和心理学著名。代表作包括《逃避自由》《为自己的人》《爱的艺术》等。

尼采所说的"驴子""对一切都满足",他咀嚼和消化一切,他总是说"咿——呀"[25],他的肯定说只是对虚无主义的肯定说。有些人表现为普遍的爱和乐观主义,实际上只是自我满足的冷漠,如果不是变相的怨恨和无能的报复,它没有能力否定就是没有能力进行自我改造。为了超越,这种爱必须被否定,必须学会如何鄙视,因为世界上有很多可鄙的东西,而没有学会面对这些的爱只是愚蠢的。爱被否定了,这样就能学会如何毁灭。在这个过程中,一个新的空间被清理出来,破坏成为对自己力量的认识,并开始在无限的创造力中流动。因此,鄙视是**扬弃**,否定是被否定的。爱再现了,但在一个更高的阶段,现在被对爱的要求和它所要求的牺牲的意识所充实。只有在这个阶段,人们才能真正获得爱的权利。尼采将"心理学中的重大罪行"列为"爱情被伪装为献身(以及利他主义),而实际上,爱情是一种额外取得,或者说是一种由于人格的充盈而作出的交付。唯有最完全人格的人才能爱;非人格化者、'客观化的人'是最恶劣的情人。"[26]

如前所述,激进主义与道德教化截然相反。在一个人身上,爱的发展被贯彻到底,在他身上,解放的本能变得绝对和全面,这样一个人甚至不会再鄙视那些表面上最令人厌恶的东西。这并不是因为恢复了自满,而是因为自满和厌恶都将被对令人厌恶的根本原因的考虑和理解所取代,并有意愿去改变它们。这样一个人,在他身上体现了成道的纯真,将不再把任何人看作是罪人、道德上的违犯者或作恶者，而是寻找最大限度的肯定之路，甚至那些被打成大罪人的人也能提升到这个位置。

> 查拉图斯特拉对病人是宽容的。确实，他对他们这种寻找安慰和忘恩负义的做法并不生气。但愿他们成为康复者和克制者，让自己获得更高级的肉体。
> ——尼采《查拉图斯特拉如是说》[27]

注释：

1. 马克思、恩格斯：《马克思恩格斯文集》第九卷，北京：人民出版社 2009 年版，第 99—100 页。

2. Manfred B. Steger, *The quest for evolutionary socialism*, Cambridge：Cambridge University Press, 1997, p. 247.

3. Alfred Sohn-Rethel, *Intellectual and Manual Labour*, Martin Sohn-Rethel（trans.）, Atlantic Highlands：Humanities Press, 1970, p. xxi.

4. ［德］弗里德里希·尼采：《偶像的黄昏》，卫茂平译，上海：华东师范大学出版社 2007 年版，第 86 页。

5. ［德］弗里德里希·尼采：《偶像的黄昏》，卫茂平译，上海：华东师范大学出版社 2007 年版，第 86—87 页。

6. ［德］弗里德里希·尼采：《偶像的黄昏》，卫茂平译，上海：华东师范大学出版社 2007 年版，第 88 页。

7. 马克思、恩格斯：《马克思恩格斯全集》中文第一版第六卷，北京：人民出版社 1961 年版，第 603 页。

8. ［德］弗里德里希·尼采：《查拉图斯特拉如是说》，钱春绮译，北京：生活·读书·新知三联书店 2007 年版，第 36 页。

9. ［德］弗里德里希·尼采：《查拉图斯特拉如是说》，钱春绮译，北京：生活·读书·新知三联书店 2007 年版，第 36 页。

10. ［德］弗里德里希·尼采：《查拉图斯特拉如是说》，钱春绮译，北京：生活·读书·新知三联书店 2007 年版，第 37 页。

11. ［德］弗里德里希·尼采：《查拉图斯特拉如是说》，钱春绮译，北京：生活·读书·新知三联书店 2007 年版，第 38 页。

12. 马克思、恩格斯：《马克思恩格斯文集》第三卷，北京：人民出版社 2009 年版，第 173—174 页。

13. 马克思、恩格斯：《马克思恩格斯文集》第三卷，北京：人民出版社 2009 年版，第 174 页。

14. ［德］弗里德里希·尼采：《道德的谱系》，梁锡江译，上海：华东师范大学出版社 2007 年版，第 127—128 页。

15. 马克思、恩格斯：《马克思恩格斯文集》第一卷，北京：人民出版社 2009 年版，第 11 页。

16. ［德］弗里德里希·尼采：《论道德的谱系·善恶之彼岸》，谢地坤、宋祖良、程志民译，桂林：漓江出版社 2000 年版，第 203 页。

17. ［德］弗里德里希·尼采：《道德的谱系》，梁锡江译，上海：华东师范大学出版社 2007 年版，第 236 页。

18. ［德］弗里德里希·尼采：《查拉图斯特拉如是说》，钱春绮译，北京：生活·读书·新知三联书店 2007 年版，第 5 页。

19. ［德］弗里德里希·尼采：《看哪这人：尼采自述》，张念东、凌素心译，北京：中央编译出版社 2000 年版，第 43 页。

20. ［德］弗里德里希·尼采：《偶像的黄昏》，卫茂平译，上海：华东师范大学出版社 2007 年版，第 167—168 页。

21. ［德］弗里德里希·尼采：《道德的谱系》，梁锡江译，上海：华东师范大学出版社 2007 年版，第 108 页。

22. 列宁：《列宁全集》第二版增订版第 41 卷，北京：人民出版社 2017 年版，第 121 页。

23. ［德］弗里德里希·尼采：《查拉图斯特拉如是说》，钱春绮译，北京：生活·读书·新知三联书店 2007 年版，第 68 页。

24. ［美］埃里希·弗洛姆，《爱的艺术》，刘福堂译，北京：人民文学出版社 2018 年版，第 52 页。

25. ［德］弗里德里希·尼采：《查拉图斯特拉如是说》，钱春绮译，北京：生活·读书·新知三联书店 2007 年版，第 226 页。

26. ［德］弗里德里希·尼采：《权力意志》，孙周兴译，上海，华东师范大学出版社 2007 年版，第 489 页。

27. ［德］弗里德里希·尼采：《查拉图斯特拉如是说》，钱春绮译，北京：生活·读书·新知三联书店 2007 年版，第 30 页。

四、历史哲学

哲学化的历史

所有的哲人身上都有一种共同的缺陷：以为能从现代人出发，通过对现代人的分析达到目的。他们总是不自觉地幻想"人"是一种永恒的事实，一种在漩涡激流中保持不变的存在，一种衡量万物的可靠尺度。哲人关于人的一切言论，其实都只是在一个非常有限的时段中对人的评价。缺乏历史意识乃是所有哲人的遗传缺陷。

——尼采《人性的，太人性的：一本献给自由精神的书（上卷）》[1]

历史是痛苦的东西。它是拒绝欲望的东西，为个人和集体的行为设定了不可逾越的限制。

——弗里德里克·詹姆逊《政治无意识》[2]

1

无论哲学家是否认识到这一点，哲学和任何人类活动一样，总是历史性的。虽然中世纪的基督教哲学家在谈到上帝时，认为他们的研究对象是永恒的、绝对的、历史之外的，但他们所表达的也是一个历史时刻，其特点是基督教会的政治权力主导。当早期的自由主义思想家谈到永恒的、不可剥夺的、自然的权利时，他们所表达的是资产阶级的历史统治地位。同样，当约翰·罗尔斯通过对社会契约理论的闹剧性重复来谈论正义的普遍有效性时，他也代表了自由主义的历史性**终结**。所有上述的哲学都倾向于在知识和政治权威的结合中确定一群人特别能够获得这种非历史性的真理（从神秘主义者和牧师到国家代表和学者），因此不得不"把社会分成两部分，其中一部分凌驾于社会之上"[3]，正如马克思所言。

是的，马克思和尼采本身就是一个历史时期的表达——现代性、资本主义、自由化，历史作为一门学科的发展。在 19 世纪之前不可能有类似马克思或尼采的东西，就像在我们这个世纪不可能有柏拉图或阿奎那一样。马克思和尼采在哲学上的许多相似之处可以用他们共同的历史和文化背景来解释。他们都是由希腊的古代性塑造的，而希腊的古代性在德国教育中被优先考虑；他们都是由德国的浪漫主义、德国的理想主义哲学和青年黑格尔派塑造的；他们都生活在现代性迅速侵入德国的时代，他们都把自己定义为反对当前的事物状态，因为它是以社会矛盾和动荡为特征的。

哲学在历史中产生和发展——甚至马克思和尼采**理解到**这个事实本身就是一个历史过程的结果——"历史感"的重要性日益增加，其现代形式只有在法国大革命中才成为可能。哲学家最初是以牧师或神秘主义者的身份出现的，因此，在很长一段时间内，哲学是由历史之外、历史之上或独立于历史的东西来定义的。哲学是关于永恒的，而承认历史变化的首要地位被视为**低于**哲学的东西。历史哲学在18世纪末和19世纪初的出现和广泛普及是由于历史本身。工业革命、美国革命、法国大革命、海地革命——所有这些事件都迫使人们意识到历史变革以及它可以如何猛烈地改变社会生活的基础。历史正变得比以往任何时候都更有光芒，更难以忽视地敲击着哲学的大门。

理查德·罗蒂①（Richard Rorty）认为，哲学家的社会角色是在新与旧之间——在既定的、常规的、传统的和革命的、进步的、颠覆性的之间——进行调解，换句话说，哲学家帮助社会轻松进入历史变革。在黑格尔的案例中，我们可以说，这样的调解是在民族国家的要求和历史意识的兴起之间进行的，前者需要绝对和坚定的合法性，后者则告诉人们现有政治制度的任意性和脆弱性。黑格尔的哲学是让历史从门里进来的做法，但只是在解除了它的武装和中和之后。历史可以是一个强大的批判工具，但普鲁士建制派的哲学不能接受批判工具，黑格尔只能使哲学成为历史的，而历史则是哲学的，方法是在当前切断其运动，把普鲁士国家作为哲学的最终政治实现——历史发展的最终完成。有　段时间，这是一个成功的解决方案——黑格尔将其思想构筑成大坝来承认历史，阻断它的进一步运动。这并没有持续多久。历史并没有结束，因为它的波浪在不

---

① 理查德·罗蒂（Richard Rorty，1931—2007年），当代美国最有影响力的哲学家、思想家，美国新实用主义哲学的主要代表之一。理查德·罗蒂在关注人类所面临的各类重大社会问题的同时，也积极参与文化政治学、意识形态问题、全球化问题、女权主义、伦理问题等公共话题的讨论，成为西方知识界非常活跃的公众人物。代表作包括《语言学转向》和《哲学与自然之镜》等。

断增长的无产阶级手中变得更加猛烈，而无产阶级在黑格尔的概念体系中却没有地位，大坝最终被发生在欧洲各地的爆炸性革命击碎。随着一场又一场革命的爆发，人们越来越难以相信黑格尔关于历史发展已经在某种重要意义上完成的说法。尽管黑格尔哲学有其反动的一面，但它确实为激进分子提供了一个基本原则——哲学思想与政治行动之间的联系，正如黑格尔所说，在德国古典哲学中，"革命就像在他们的思想形式中一样被安置和表达出来。"[4] 黑格尔理论认为，哲学是只有在现实社会条件下实现的东西，才会得到满足。是的，黑格尔的激进派这样说，但这种实现还没有到来。

批判哲学家接管了黑格尔的历史哲学、辩证法以及他对哲学与革命关系的洞见，并继续前进，但现在没有僵局阻止历史的进一步发展。在这个过程中，产生了马克思和尼采的思想——由此产生了他们无情的历史化。他们挥舞的历史思想是一把锤子——它打碎了，就建立起来了。法国在政治上是革命性的，英国在经济生产上是革命性的，而德国则在哲学上找到了革命。

我们在尼采—瓦格纳时代末期所看到的，无非是**历史**对尼采思想的**侵入**。每一步，历史地位都取代了以前在叔本华影响下被理解为永恒的东西。这并不是否认尼采从一开始就具有历史感，他只是受到了先验原则的阻碍。尼采思想的成熟，要求任何以前被视为不变的东西都将被视为从历史过程中出现的东西——经过一段较长的时间发展，这个过程在《道德的谱系》中结出了最成熟的果实。拒绝历史化不仅仅是理论上的死胡同，还是否定生命的基本要素——在无知历史的情况下思考和行动就是否定生命的生成的定义。

2

考虑到他对"历史主义"的攻击，尼采与历史思想的关系最初可能令人困惑。如果他是一个无情的历史主义者，他怎么会用"历史感"一词来标记现代人那种自满的"对任何事情都高兴"[5]的状况？他声称"历史感使它的仆人变得被动又怀旧"[6]。如果没有条件地理解这些涉及所有历史和历史思想命题，就不可能理解尼采，因为他自己指出，"缺乏历史意识乃是所有哲人的遗传缺陷。"[7]

我们可以将尼采批判的对象明确地称为"历史主义"，区别于历史、历史思想或历史化。首先，就像尼采的大多数观点一样，历史感是一种程度问题，尼采的许多批判都通过提及历史上特别高的**程度**甚至是**过度**来加以限定，在这种情况下，它超过了某个阈值就变得有害。在批评这种过度行为时，他预见到了在 20 世纪下半叶开始流行的那种对后现代性的文化批评——在这种情况下，人们的历史知识如此臃肿，以至于他们不再能够进行选择，进而延伸到有创造力的工作；对他们来说，一切都同样值得关注，文化产品成为过去的杂乱无章混合物。历史知识占据了如此多的空间，以至于没有留下任何新的东西。正是这种过度，被尼采批评为导致人们"对任何事物都感到高兴"，而不是对任何事物都敬畏——"而逐渐丧失奇怪和惊讶的感情、并最终对任何事物都感到满意的这种能力，就被称为历史感和历史文化。"[8] 但与过度历史化相反——完全**缺乏**历史感，也好不到哪里去。尼采将无法历史化的人描述为"野兽"——在牧场上吃草的动物；享受某种满足，但缺乏过去和未来，因此缺乏意义本身——生活在无尽的、毫无意义的现实中。

但也有一种历史主义，尼采不管程度如何，都是这样认定的：**黑格尔式**的，尼采不仅认同黑格尔本人，而且更强烈地认同那些他认为是复制黑格尔的人，比如大卫·施特劳斯①和爱德华·冯·哈特曼②。在他零散的言论中，尼采拒绝那种黑格尔式的历史主义有四个相关的理由：

1. 首先是它对超越性的依赖——它的形而上学的不连续性。即使这种不连续性在某种意义上是在历史的终结时被跨越的，但在这种想法中，真实的、感性的历史从属于独立于其偶然性的东西，一种区别于时

① 大卫·施特劳斯（David Friedrich Strauss，1808—1874 年），德国哲学家和政论家，黑格尔的学生，《耶稣传》（1835）和《基督教教义》（1840）的作者。他对圣经的历史性批判奠定了青年黑格尔主义的理论基础，1866 年后成为民主自由党人。

② 爱德华·冯·哈特曼（Eduard von Hartmann，1842—1906 年），德国唯心主义哲学家，普鲁士容克的思想家，他把谢林和叔本华的哲学同黑格尔哲学的保守特点结合成"无意识哲学"。

间的偶然性的精神，它在预先确定的目标中寻求其实现。对于马克思和尼采来说，历史是由活生生的、有呼吸的、受苦的人类所参与和经历的过程和发展组成的，它被嵌入到他们的生活条件和环境中，除此之外没有任何东西——不是精神，不是理念，不是终极目的（Telos）。

2. 尼采反对的第二个因素是对宇宙的拟人化的伪造。他在《快乐的科学》中没有明确提到黑格尔，只是谈到了这个问题，他问道："难道我们应该把仅在地球表面感知到的，又难于言说的派生、迟来、罕见和偶然的事物重新阐释为本质的、普遍的和永恒的吗？正如那些人所为，把一切称之为有机体吗？这实在令我反感。"[9] 换句话说，黑格尔把只有有机体中发现的品质，如意图和目的性，应用于整个世界，使它们成为中心和本质，而不是它们真正的样子——边缘事件。产生物与产生它的土壤混淆了。

3. 黑格尔将尼采历史化的第三个要素称为它的目的论，显然与前两个不可分割。拥有和寻求目的这一独特的人类品质延伸到整个历史进程中。对于尼采来说，历史按照（或多或少）线性的、（无论如何是）合乎逻辑的进展的想法似乎幼稚得令人无法忍受。更一般地说，他认为目的根本不是实体所固有的——目的只有在一个更强大的、成功的支配力量强加给一个给定的实体时才会出现。人们常常错误地将历史目的论归于马克思，仿佛他将历史物化和自然化，同时又以某种方式保留了以目标为导向的先验主体。但马克思在《德意志意识形态》中写得再清楚不过了，"事情被思辨地扭曲成这样：好像后期历史是前期历史的目的……于是历史便具有了自己特殊的目的并成为某个与'其他人物'（像'自我意识''批判''唯一者'等等）'并列的人物'……前期历史的'使命''目的''萌芽''观念'等词所表示的东西，终究不过是从后期历史中得出的抽象，不过是从前期历史对后期历史发生的积极影响中得出的抽象。"[10] 当他称赞（达尔文的著作）"给了自然科学中的'目的论'以致命打击"[11] 时，他也清楚地表明了他的一般反目的论。马克思的目的论解读只出现在后来的马克思主义者身上，他们通常试图使某些政党或国家合法化，并从非马克思主义的影响中汲取灵感，最终创作出像斯大林《辩证法和历史唯物主义》这样的作品——令人惊讶的是，这本书与最糟糕的黑格尔主义一样是目的论，但却是令人毛骨悚然的实证主义和机械主义，没有至少存在于黑格尔那里的辩证的和人的因素。马克思思想中存在的唯一目的，恰当地称为，是个人在时间上的有限目的。对于黑格尔来说，这仅仅是"有限目的论的立场"，它被绝对精神的更高立场所取代。除此之外，在马克思那里，只有达尔文确定的那些进化功能能够被称为有目的的隐喻，因为它们的"目的"（更准确地说，是它们的趋势）是它们自己的繁殖和繁殖。它们涉及解释，但不包括理由。尼采，尽管他（被误导的）批评了达尔文理论[12]，但他自己相信这种形式的进化论，提出了这样一种观点，即每个人都有一种倾向，即每个人都有一种更高、更强化、更有能力的自我形式，并在此过程中利用它发出来的任何牌。

4. 最后的拒绝最清楚地体现了尼采思想的激进和颠覆性——尼采对黑格尔颂扬现状的方式的排斥。因为黑格尔把普鲁士国家看作是绝对精神的实现的自我意识，他把整个世界过去的历史理解为通向它，所以他的历史哲学是普鲁士国家的合法性。"凡是现实的都是合乎理性的，凡是合乎理性的都是现实的"[13]，这是黑格尔的一句名言。这一声明，尤其是强调后半部分①，对于右翼黑格尔主义者来说最为珍贵，他们用它来为他们的政治保守主义辩护，而尼采最强烈反对的正是这一点。他在其中看到了徒劳的"成功观点"，与所有面向未来的哲学相反，它鼓励自满并试图使所有变革性变革失去合法性。尼采在一本笔记本上非常简洁地总结了这件事："黑格尔式的'世界进程'最终导致了一个拥有强大警察部队的臃肿的普鲁士国家。"[14]尼采鄙视黑格尔的历史主义，因为它为这个国家和警察部队服务，并迎合了自满的资产阶级观众。它不仅是

---

① 左翼黑格尔主义者强调前半部分，将其解释为任何合理的都会成为现实，从而使面向未来的黑格尔主义成为可能。——作者注

自夸的无耻工具（大多数哲学都是），最糟糕的是它试图关闭通往未来的大门。

（黑格尔）这样他就向被他彻底改变的一代灌输了对"历史力量"的崇拜，这种崇拜实际上将每一个时刻都变成了纯粹对成功的惊叹，变成了对现实的偶像崇拜……

——尼采《历史的用途与滥用》[15]

虽然尼采会攻击任何鼓励停滞不前，屈从于国家的哲学，但他的侵略性无疑因他对国家的恼怒而加剧了。虽然尼采认为当时的法国文化优越，但新成立的德意志帝国也将其军事胜利视为文化胜利的证明，具有讽刺意味的是，正是这种胜利主义对真正的文化构成了威胁。这就是为什么在攻击黑格尔哲学及其派生哲学时，尼采批评了大卫·施特劳斯和爱德华·冯·哈特曼，但从来没有批评过马克思这位年轻的黑格尔主义者。毕竟，年轻的黑格尔主义者在继承黑格尔哲学时遗漏的最重要的东西之一，正是这种对现状的神化，即"成功的立场"。相反，他们吸收了黑格尔思想的元素，并将其转向国家和未来。或许可以说激进批判的精髓就在于这样一种行为——把合法化的工具变成攻击的武器。可以说，尼采的激进批判计划始于他将希腊文化——当时在德国教育体系中用作德国当权者可以自我庆贺的参考点——并扭转它，将其转化为参考批评的重点，试图证明德国文化的相对不足的本质以及它未能实现自己的理想。马克思和恩格斯接受了黑格尔对现状的神化，并通过辩证的反转，将其转化为相反的理论：

> 按照黑格尔的思维方法的一切规则，凡是现实的都是合乎理性的这个命题，就变为另一个命题：凡是现存的，都一定要灭亡。
>
> ——恩格斯《路德维希·费尔巴哈和德国古典哲学的终结》[16]

3

正如他所言，尼采对历史的态度是谱系化的。其中没有必然的跨历史规律，没有绝对的起源，没有单一的线性发展逻辑。历史中的必然性**确实**存在，但只**存在于特定**的历史时期：在合适的前提条件下，某些社会形态可能按照必然的逻辑表现出来，但这绝不是适用于整个历史的逻辑，后面往往紧跟着历史的断裂、突破和跳跃。复杂的社会现象很少是连续的、渐进的、发展的结果，可以追溯到一个单一的起点；它们更多的是多个原本独立的、偶然的社会元素随着时间的推移才走到一起，形成统一，通常是建立在各种统治和征服、人工和强制的基础上。

雷蒙德·戈伊斯①（Raymond Geuss）将尼采的谱系学描述为"追溯血统"的反面：而"追溯血统"试图通过追溯一个社会现象的遗传系到某个绝对价值点来证明其**价值**（比如君主被美化为亚当的后代，或者总统被美化为开国元勋的政治后代）。对于尼采来说，一个特定事物的社会价值从来都不是通过参照一个单一的起源点来体现的（这个起源点往往是虚幻的），而只是在持续的维护和保护过程的基础上存在，受到转变、转移和否定的影响。

如果我们把尼采和马克思主义思想看作是这种社会历史现象，那么这种方法的恰当性应该是显而易见的。我们不能把它追溯到一个圣人、一个先知或一个神圣的文本。就像所有的社会现象一样，谱系式的挖掘揭示了多个层次，而通过这些层次的挖掘只能发现越来越多的不相干的元素。它们"根本不再表现出一个含义，而是'诸多意义'的合成物""就是体现各种不同目的的使用史，最终将结晶为一种难以溶解、难以分析的单位。还必须强调的是，它根本**不可能被定义**。"[17]换句话说，马克思和尼采的思想，更不是它们的历史影响，绝不可能被过滤成某种**本质**。历史没有净化的过程，没有摆脱其短暂性和复杂性的方式。马克思本人所写的作品已经显示出这种复杂性，它不仅汇集了来

---

① 雷蒙德·戈伊斯（Raymond Geuss，1946—），英国剑桥大学哲学系教授，政治哲学学者，主要研究方向为19世纪和20世纪的欧洲哲学，同时也涉猎欧陆哲学史以及艺术哲学研究。代表作有《哲学、文化和历史》《政治和想象》等。

自德国哲学、法国政治和英国经济这三者的元素，还汇集了美学、科学、宗教和技术发展，古代希腊，从德国浪漫主义到莎士比亚作品的文学，以及一套庞大的历史环境，包括马克思本人生前的和以前有记录的历史，这需要用一整本书来列出。考虑到一旦马克思主义成为国际运动，这种复杂性会增长多少？

尼采对谱系学的理解是，坚持认为"某些现存的事物，某些通过某种方式形成的事物，总会一再地被某个在它之上的力量用新的观点重新加以解释，被重新征用，并且为了某个新的用途而改头换面；有机世界中所发生的一切事情，都是**征服**和**统治**；而所有征服和统治都是重新解释和调整，之前所有这方面的'意义'和'**目的**'都必须被遮蔽起来或者被彻底抹杀"[18]。因此，从一开始，马克思的思想就被征用，被重新解释，不仅被革命者，还被改良派政党、国家政权和学术界重新引导。每个案例都根据强调和突出的内容，重新措辞或转移的内容，被忽视、略过或抹去的内容而有所不同。例如马克思的《1844 年经济学和哲学手稿》一经出版就被苏联否定和忽视，认为它属于马克思不成熟的黑格尔阶段，但却被马克思主义人文主义者赋予了巨大的意义，甚至在 1956 年匈牙利革命的思想中发挥了核心作用。在很多情况下，征用都是在拥有某些权力资源（社会组织、资本，获得出版、发行和普及的手段，等等）的情况下成功的。如果不是在马克思列宁主义的解释上花费了所有的资本，它的全球统治地位是不可能得到保证并取得如此大的影响力的，这个例子很好地展示了解释也是统治，因为它的传播需要支配对马克思的其他解释，在国内涉及法律措施，在国外涉及对共产党的渗透，从审查到监禁到谋杀。

换句话说，一个特定实体的发展"并不是朝向某个目标的**前进过程**，更不是一个逻辑的、用时最短的、力量与成本消耗最少而实现的**前进过程**——而是在该事物、习俗或机构上所发生的各个征服过程而组成的序列，这些过程或深或浅，或相互依赖、或相互独立。"然而，力量从来都不是单方面的——谱系学还包括"每个过程中都会出现的阻力，以自卫和被动反击为目的的改变形式的企图，以及成功的反击行动的结果"[19]。以谱系方式分析和解释一个实体本身就增加了该实体的历史，这种解释可以是一种抵抗的形式，不仅是对试图手头占有实体的敌对力量的反制措施，而且是对试图统治**解释者**的力量的反措施。

4

因此，纳粹对尼采的挪用已经不可避免地沉淀为尼采思想谱系中的一个层次。它可能是一种误用、歪曲和伪造，它可能是与尼采对立的，但这一切都无法洗去历史的痕迹。"二战"后流行的对尼采的解释，在很大程度上是根据解释者希望将尼采与纳粹主义拉开距离的方式，或者说，他们认为尼采应对纳粹主义负责的方式来决定和框定的。我们与尼采的交往被这段历史打上了烙印，就像我们与马克思的交往被斯大林的苏联打上了烙印一样，而且这些痕迹依然可见。因此，我认为不可避免地要探讨尼采在 20 世纪的接受史。这并不是因为我们欠尼采一个人情，将他自己的谱系学应用于他自己的思想。参与尼采的哲学就是参与历史，但参与尼采的历史本身也可以是对哲学的一种参与。

　　谱系分析并不局限于研究被解释、被占有、被支配的实体。"一切目的和一切有用性都不过标志着，某种权力意志已经成为弱小力量的主宰，并且根据自身需要在弱小力量的身上打上了某种功能之意义的**烙印**。"[20]当我们理解一个实体时，我们会更好地理解它被铭刻的意义，但让我们也承认这种关系的另一面：通过研究被铭刻的意义，我们也可以更好地理解正在**进行**铭刻的权力意志。按照尼采的理解，权力意志只在与其他实体的关系中表现出来——在它所经历的支配、占有和抵制中。它总是表现在具体的、物质的事物中；表现在真实的、感性的占有中。一个特定量级的权力意志给予一个物体的感觉可以被"符号学"地解读——作为一种权力意志的标志或症状，这种权力意志在这种感觉的给予中被表达出来（强或弱，肯定或否定，积极或消极）。在这种情况下，通过研究尼采被挪用的方式，我们也可以解释纳粹在这些挪用中所表达的意志：权力。为此，将其与一个非常不同的意志力量——革命的俄国的社会主义者对尼采的挪用进行比较也是有益的。

5

沃尔特·考夫曼①（Walter Kauffman）是20世纪最有影响力的尼采的读者之一，他将尼采解释为一个本质上非政治性的思想家，并引用尼采的自我认同为"最后一个反政治的德国人"[21]，考夫曼的理解是不正确的。**反**政治并不是不讲政治——对政治漠不关心或退缩。对于尼采来说，它需要抵制和攻击政治；批评国家、政治领域，而这本身就是一种政治立场。它需要捍卫文化不受国家的侵扰。尼采在马克思看来是反政治的，因为他在政治中看到了要被取代的东西——"在国家终止存在的地方，那儿才开始有人，不是多余的人；那儿才开始有必不可少的歌，唯一的无可替代的曲子。"[22]这与非政治性、拒绝处理政治问题是完全不同的。然而，作为一种策略，考夫曼的解读是完全有意义的，而且是成功的。"二战"结束后，尼采与法西斯主义的联系在学术界和普通民众中都达到了顶峰。考夫曼打算将尼采的学术研究和讨论从这一污名中解放出来，而彻头彻尾的方法就是将他与政治完全隔绝。

有趣的是，这种策略早在1916—1918年就被使用了，

---

① 沃尔特·阿诺德·考夫曼（Walter Arnold Kauffmann，1921—1980年），哲学家、翻译家和诗人。作为一位多产的作家，他的著作涉及广泛的主题，例如真实性和死亡、道德哲学和存在主义、有神论和无神论、基督教和犹太教，以及哲学和文学。代表作有《宗教和哲学批判》《从莎士比亚到存在主义的四个维度》等。

不过是从政治光谱的另一端。托马斯·曼①（Thomas Mann）在 1916 年写了一篇文章，两年后被纳入《一个非政治人士的反思》，该文攻击左派将尼采政治化，而这篇文章成为在德国民族主义右派中普及尼采的最重要文本之一。在那里，尼采也被解释为本质上是非政治的，使用了后来考夫曼使用的同样的引文（但把"反政治"错误地引用为"非政治"），只是在那里尼采被介绍为德国的民族代表，而采取这种方式正是为了拉开尼采与他的**左翼**读者的距离！托马斯·曼说，尼采批评德国，只是出于爱……

在进入 20 世纪的过渡时期，将尼采理解为一个本质上的右翼思想家远没有像"二战"期间那样被普遍推崇。在德国和俄国（在一定程度上也包括法国和美国）活跃的尼采政治解释者中，有相当一部分是来自马克思主义和无政府主义传统的激进分子和革命者，或者至少是左派改革者②。来自德国社会民主党革命派的弗兰茨·梅林③认为尼

---

① 托马斯·曼（Thomas Mann，1875—1955），德国小说家和散文家，1929 年度获得诺贝尔文学奖。托马斯·曼是德国 20 世纪最著名的现实主义作家和人道主义者，受叔本华、尼采哲学思想影响。代表作是被誉为德国资产阶级的"一部灵魂史"的长篇小说《布登勃洛克一家》和《魔山》。

② 20 世纪的无政府主义运动有大量的尼采主义者，如艾玛·戈德曼（Emma Goldman），她为尼采举办了讲座，并授予他"荣誉无政府主义者"的称号；德国无政府联合主义者鲁道夫·罗克（Rudolf Rocker），以及西班牙革命力量委员会—伊比利亚无政府主义联盟（Comité de Acción Revolucionaria-Federación Anarquista Ibérica，CNT-FAI）的某些成员，如萨尔瓦多·塞吉（Salvador Seguí）和费德丽卡·蒙特塞尼（Federica Montseny）。

③ 弗兰茨·梅林（Franz Mehring，1846—1919 年），德国社会民主党左翼领袖，历史学家和政论家，19 世纪 80 年代成为马克思主义者，90 年代加入德国社会民主党，并在《新时代》周刊编辑部工作。著有《马克思传》以及德国史和社会民主党史方面的著作。

采是资产阶级文化的批评者，可以作为心怀不满者的"通往社会主义的时刻"[23]。尼采的思想在 19 世纪 90 年代被一群被称为青年一代（Die Jungen）的激进分子带入了德国社会民主运动，他们后来组成了独立社会主义者协会。青年一代由布鲁诺·威尔（Bruno Wille）领导，作为尼采主义者，他抨击社会民主党在资产阶级议会中过于安逸，以革命为代价，而且其停滞不前的官僚化也在不断地远离工人阶层。

更广泛地说，尼采与表现主义运动有关，而后者绝大多数是左翼。表现主义者的主要关注点是将文化从国家中解放出来，在尼采的支持下，他们积极反对国家扩张和军国主义。因此，以表现主义为核心的杂志《风暴》（*Der Sturm*）（与立体主义、达达主义和超现实主义一起）提出了它的使命宣言，由鲁道夫·克鲁兹①撰写："我们并不是要娱乐'大众'。我们想艺术地拆毁他们舒适的、明显严肃的世界观。因为我们认为他们的严肃是对生活的厌倦，是一种外在的沉闷，尼采早就描述过这种心理。"[24]

许多表现主义者开始认识到，站在文化的一边反对国家，也需要站在革命的一边反对资本，并接受了社会主义。有趣的是，其中两个在哲学上最多产的人，尼采式的共产主义者库尔特·希勒②（Kurt Hiller）和奥托·格

---

① 鲁道夫·克鲁兹 1884 年出生于柏林，实际上是德国表现主义的当代支持者，在 1910 年至 1914 年间发表了许多论文和评论，到 1916 年，他开始涉足电影业并担任编剧。

② 库尔特·希勒（Kurt Hiller, 1885—1972 年），"同性恋民权运动的联合创始人"，革命和平主义者、同性恋活动家和作家。

罗斯①（Otto Gross），都特别强调性解放的问题。库尔特·希勒是公开的同性恋者，他利用尼采的社会批判来攻击资产阶级社会的社会保守主义和性压抑，同时也用尼采的个人主义语言肯定了自己的同性恋爱的权利。在1928年的一次为同性恋权利的经典演讲中，他甚至直接引用了尼采的《破晓》，其中尼采认为生育既不是目标，也不是性欲的必然结果。希勒将自己与其他思想家区分开来，确定了尼采的哲学理想——"精神的"（geistig）。精神哲学家是尼采式的立法者——那些超越客观描述，超越理论化的东西，并继续理论化应该是什么的人；创造、主张新的价值，为社会设定目标——精神——那是什么意思？它意味着……那些觉得自己有责任的人……不是对过去，而是对未来负责。感觉到责任：传递信息的经验；对世界的痛苦是有成效的；被改善世界的想法所占有。"[25]在1914—1920年期间，希勒从事反战活动，并共同创立了活动家联盟，该联盟在解散前曾一度与德国革命工人委员会有联系，此时它已改名为精神工人理事会。当托马斯·曼提出他对尼采的"非政治性"解读时，希勒回应道：

托马斯·曼引用了尼采的话。他称自己为"最后一个不关心政治的德国人"。但是，使尼采感到恶心的政治是

---

① 奥托·格罗斯（Otto Gross，1877—1920年），奥地利精神分析学家。作为弗洛伊德的早期弟子，他后来成为无政府主义者。作为早期形式的反精神病学和性解放的拥护者，他还发展了一种无政府主义形式的深度心理学。奥托·格罗斯受马克斯·施蒂纳和弗里德里希·尼采的哲学以及彼得·克鲁泡特金的政治理论的影响。

党内无知庸人和社论家的事；恰恰是"个人"生活中缺乏精神……折磨着他，就像当代哲学中缺乏精神一样让他感到不安。然而，他的精神概念具有超出想象的最大政治性。

奥托·格罗斯（Otto Gross）是一位精神分析学家，他认为尼采在思想史上的重要性是作为弗洛伊德的先驱，没有他，弗洛伊德的精神分析就不可能实现。他认为最有价值的是尼采对社会化与镇压之间关系的发现，这在阶级社会中不可避免地会产生病态。权力意志被赋予了明确的心理解读。格罗斯认为心理压抑对革命者来说是必不可少的，因为在威廉·赖希①（Wilhelm Reich）的预想中，他认为资产阶级社会下的工人被社会化地驯服，这是父权制家庭结构辅助的过程。为了抵制它，他提倡妇女解放和自由恋爱。他还抨击了德国社会民主党，嘲讽地提到他们的"真正的政治社会主义"——以实际理由与资产阶级政治妥协的正当理由。"正是尼采预言的'末世之人'的民主，无产阶级专政应该从中拯救人类的未来。"[26]

尼采的语言和对尼采的辩护，经常出现在其他左翼杂志上，比如《行动》（*Die Aktion*），继续成为反民族主义社会主义革命者发声的媒介。在名为《论坛》（*Das Forum*）的杂志中，一篇关于尼采的著名文章来自其编辑威廉·赫

---

① 威廉·赖希（Wilhelm Reich，1897—1957年），维也纳精神病学家。威廉·赖希在柏林精神分析研究所接受培训，并于1924年加入维也纳精神分析研究所。

尔佐格①（Wilhelm Herzog），在 1919 年的革命事件中，赫尔佐格将尼采置于革命的一边：

尼采不是《共产党宣言》的捍卫者，更像是社会主义观点最尖锐的对立面。但他是一个革命者，比许多社会民主党领导人都聪明、更有原则、更不留情、知识渊博，对**资产阶级**社会持批评态度。他解散了这个**资产阶级**社会——它的文化、它的价值观、它的信仰、它的爱国主义、它的道德；他揭开面具，嘲笑它的虚伪和狭隘的智慧；它的傲慢，它对精神的敌意。……他创造了**超人**的愿景，而他的时代为我们现在正在经历的**堕落**和过度行为的"野兽"创造了前提。27

威廉·赫尔佐格提供了这个时期最鲜明的例子，来说明人们如何通过尼采走向马克思。在拥抱革命之前，作为社会民主党的支持者，赫尔佐格**从尼采那里**获得了对新文化、**超**人类的希望。然后，他看到这种新的人性通过自发的革命组织、工人委员会的形成而出现；他看到它如何振兴知识分子的生活，革命如何使知识分子更接近"社会生活的根基"28。同时，他看到了社会民主党如何积极地试图压制这种组织，他看到了罗莎·卢森堡和卡尔·李卜克内西被谋杀，他意识到，社会民主党人甚至不只是资产阶级

---

① 威廉·赫尔佐格（Wilhelm Herzog，1884—1960 年），散文家和杂志编辑。第一次世界大战前，他的和平主义、世界主义态度导致与当局的冲突，并激怒了魏玛共和国的民族主义圈子。希特勒上台后，犹太血统的威廉·赫尔佐格被迫流亡瑞士。1959 年，他将与托马斯·曼、托洛茨基、里尔克和罗素等名人的友谊和讨论集合成散文集《我遇见的人》。

的傀儡，他们更是自愿的参与者。

今天，谁在对他们有用的意义上使用"民主"这个词，谁以"民主"的名义捍卫统治阶级的权利，谁不承认今天的民主是最神圣、最残酷、最普通的独裁，而是为维护民主而斗争，他就不再是错误的，而是撒谎[29]。

因此，赫尔佐格诚实地看到，他一直梦想的**精神**文化只有建立在俄罗斯取得胜利的那种革命的共产主义的基础上才有可能。"革命的社会主义是创造性的，肯定了**精神**并创造了新的价值。"[30]

这份思想家名单绝非详尽无遗，但它的存在应该让那些试图将尼采与法西斯主义的联系自然化、认为仿佛他的哲学天生就对右派更有吸引力的人暂停他们的做法。对尼采进行左派解读不仅仅是最近的现象，而与右派解读的斗争是一个长期的、有意的过程，自尼采去世后就一直在进行。

6

尼采在 19 世纪末被引入俄罗斯话语体系，主要是通过《悲剧的诞生：尼采四书》一书实现的。俄罗斯正面临着使尼采的思想蓬勃发展的那种条件——对现有政权的不满、剧烈的文化变革、恶劣的生活条件、战争的失败，当然还有不断发展的革命运动。旧世界明显衰败，人们期待着新世界的诞生。从革命者和活动家，到诗人和哲学家，每个人都在尼采身上看到了有关联的人物身份：他是一切陈旧事物的破坏者，也是新价值观的发明者。尼采被视为摆脱停滞不前的传统主义与西方死气沉沉的机械理性主义之间错误困境的出路。各个领域的读者，尤其是激进派和青年读者，期待着一种新的文化、一种新的神话、一种新的道德、一种新的人类、一个新的世界，并将他们的酒神精神带入了政治、社会活动、文学、艺术和剧院。

对主要基于《悲剧的诞生：尼采四书》这本书来对尼采进行阐释必须持保留态度，因为这本书是在尼采发展的早期阶段写成的，在他的思想成熟之前。在他生命的尽头，尼采在《看哪这人：尼采自述》中写道，由于瓦格纳和叔本华的阴影仍然笼罩着这部作品，《悲剧的诞生：尼采四书》中所有最有价值的东西都被忽视或误解了。然而他在其中指出了两个最重要的高高在上的创新：酒神的发现，以及对苏格拉底式（即过度理性主义、实证主义的人）的批判。然而，令人震惊的是，尼采将这两个元素作为本书的肯定元素加以挽救，恰恰是革命者在接受这部作品时最看重的那些元素。另一方面，如果我们在同一时间和地点比较当时的俄罗斯**右翼**尼采主义者，反社会主义、反革命的尼采主义者，就会发现他们对作品的接受往往是相反的，强调作品中**否定生命**的元素，形而上学二元论的叔本华、瓦格纳残余。

在激进派中，尼采的影响在"虚无主义者"和"民粹主义者"中是显而易见的，但前者有时会陷入冷酷的理性主义和功利主义，而后者往往过于强调道德责任。正是尼采式的**马克思主义者**通过尼采产生了最大的力量，最真实地实践了他的思想，他们并不罕见。让我们记住他们。

亚历山大·波格丹诺夫①（Aleksander Bogdanov）是其中最多产的一个。他是一位激进的马克思主义理论家和革命家，是布尔什维克派的共同创始人，后来作为列宁的对立面被驱逐，并从左翼马克思主义的立场反对布尔什维克政府，他是因为写了第一部苏联科幻小说（《红星》）而被人记住，并被认为是系统论和控制论的先驱。"对我来说，马克思主义包括对任何真理的无条件客观性的否定，对每一个永恒真理的否定。"[31]在这些话中，他拒绝了追求真理的意志，并在社会主义中看到了"宏伟的充实生活"[32]的基础。革命对他来说是自由欲望的表达，而道德只是通向更伟大事物的手段。"社会主义情感使人们成为工作、欢乐和痛苦的同僚，只有当它摆脱了所有道德的拜物教包装时，它才会在完全自由中发展。"[33]他持有尼采式的信念，认为有必要完全抹去旧的资产阶级文化，以支持面向未来的新文化。尽管他被排除在布尔什维克派别之外，但他在共同创立"无产阶级文化"②（Proletkult）时追求这一理想，这是一个

---

① 亚历山大·波格丹诺夫（Aleksander Bogdanov，1873—1928年），医生、精神病学家、哲学家、科幻小说作家、经济学家、文化理论家和白俄罗斯族裔革命家。著有《革命与哲学》《自然史观的基本要素》《生动经验的哲学》等作品。

② Proletkult，Proletarskaya Kultura 的缩写（俄语："无产阶级文化"）。1917年在苏联成立的组织，为真正的无产阶级艺术提供基础，即由无产阶级为无产阶级创造的艺术，并将摆脱所有资产阶级文化的残余。其主要理论家是亚历山大·波格丹诺夫。

实验性的、独立的艺术和文化机构，在实现这一目标方面取得了重大飞跃，但在 20 世纪 20 年代初，该机构失去了自主权，其下任主席由中央委员会任命；这导致其衰落，并最终在 1932 年被废除。波格丹诺夫很早就辞职了，1921—1922 年，他拒绝了启蒙委员的职位邀请——对他来说，文化和艺术如果不自由，就什么都不是。在他最受欢迎的作品《红星》中，波格丹诺夫的态度通过主人公的话表达出来："她打着责任和牺牲的旗号参加革命，我打着自由欲望的旗号……对她来说，无产阶级道德本身就是神圣的；这种道德上的适应是有用的，对工人阶级的斗争是必要的，但也是短暂的，就像斗争本身和产生斗争的生命系统一样……"[34]因此，他激烈地反对个人有义务为"大义"否定和牺牲自己的想法。甚至他的死亡也是他出于自由欲望而追求的强烈激情的结果：作为科学家和医生，他开创了输血的研究和实践，这也是最终导致他死亡的原因——尽管在医学领域取得了巨大的成功，但他的生命还是在他给自己注射了被感染的血液后结束了。这与《查拉图斯特拉如是说》中的走钢丝者不同，尽管他没能走完钢丝并摔死了，但查拉图斯特拉还是对他表示敬意："你把冒险当作你的职业，这一点无可轻视。现在你由于你的职业而毁灭：因此我要亲手埋葬你。"[35]

斯坦尼斯拉夫·沃尔斯基[①]（Stanislav Volski）在 1917

---

① 斯坦尼斯拉夫·沃尔斯基是俄罗斯马克思主义记者和哲学家安德烈·弗拉基米罗维奇–索科洛夫的假名。他在布尔什维克派别中很活跃，1917 年 3 月，他与列宁决裂。1909 年，沃尔斯基出版了苏联之前唯一一本关于马克思主义伦理理论的长篇论文，但其尼采式的个人主义对马克思列宁主义的发展没有什么影响。他的死亡日期和具体情况至今不明。

年与列宁决裂之前是一位活跃的布尔什维克，几年之后，尽管他在理论上很有建树（负责前苏联时期最彻底的俄罗斯马克思主义伦理学著作），但他只能成为一名文学普及者和翻译家。他于 20 世纪 30 年代中期在斯大林主导的大清洗期间在不明情况下去世。沃尔斯基最清楚地认识到，资本主义的分工产生了一致性，因此与个性相反。个性只有通过社会主义才能成为可能，社会主义的可变性为个人的自决奠定了基础，一种不妥协的自我。当他把革命比作"单调的教堂诗篇"时，他把这种个性的可能性完美地描述了出来，这是"由各种乐器组成的强有力的交响曲，在历史的元素风暴的力量下结合成一个单一的和声"[36]，然而像尼采一样，他在斗争中找到了快乐和肯定，甚至将社会主义定义为"斗争的自由"[37]，他在革命和社会主义中寻求一种人能找到的生活消除障碍的喜悦——希腊理想的**竞争**①（A-gon）境界，在这种境界中，竞争有利于社会文化生活的发展，甚至可以把自己的对手当作对手来爱。当他将无产阶级描述为"人类的序言……过渡、净化之火、未来收获的土壤、人类普遍创造的工具"[38]时，超人概念的影响显而易见。"准确地说，在那里，在未来的朦胧距离中，存在着对个人来说最珍贵和最神圣的东西。……只有骄傲、坚强、

---

① 在古希腊语中，agon 一词起初用来指称附属于某个宗教节日的体育比赛活动，后逐步演变为一般意义上的"比赛"代名词，中文译作"赛会"。其中的 ag 相当于 act，表示"做、行动"。另有学者认为 agon 是古希腊人所特有的派别，例如，雅各布·布克哈特在《希腊文化史》中提出 agon 是古希腊文化所特有的一种精神气质。

勇敢、公正的人；只有在那里，在感觉和无所不包的知识的和谐中，宇宙的统治者才会成长，我们当代的现实对他来说只是基座。"[39]

苏联教育部委员、剧作家和评论家阿纳托利·卢纳察尔斯基①（Anatoly Lunacharsky）因其早期倡导的"造神"而被人们铭记。这是受费尔巴哈、早期马克思以及尼采的《悲剧的诞生：尼采四书》的启发，即人们的精神需求可以通过另一种人文主义的宗教形式来满足，这将避免传统宗教的压抑和否认世界的方面，同时保留了精神共同体、仪式和象征的价值观。然而，他和道德批评家一样热情。责任、义务，甚至"普遍的人类理想"都被他攻击为对自由个体的约束。"审美非道德主义者"[40]是他给自己的标签，他从所谓的"生活美学"的角度发起了攻击。他将尼采列为这样的生活美学家——"理想的创造者"[41]。然而，拒绝义务并不意味着个人对现状的自满满足。它需要追求理想的自律，而不是那些在"上方"发现的理想，而是那些在"超前"发现的理想：在**超人**的未来；也就是自我肯定、蓬勃发展、流淌不息的生命。"我们对权力意志和对远方的热爱没有任何限制，即在最广泛的范围内努力实现自己的理想。……范围越大，……个人以理想的名义消耗精力的自我牺牲越多——越好。"[42]

---

① 阿纳托利·卢纳察尔斯基（Anatoly Lunacharsky，1875—1933 年），俄罗斯马克思主义革命家，剧作家、评论家，苏俄首任国民教育人民委员会委员，负责文化教育。

人们对弗拉基米尔·巴扎罗夫①（Vladimir Bazarov）印象最深的是他作为经济学家在国家计划委员会中的作用，1922 年后，他对苏联计划的许多基本工程负有部分责任。虽然他早期是活跃的布尔什维克，但他 1908 年离开了党，并最终反对党；在斯大林的领导下，他因涉嫌颠覆活动而被秘密审判和判刑，并于 1939 年在一个集中营去世。从二元论的角度来说，他是这里提到的四个尼采主义者中最"集体主义"的一个，但其方式完全符合尼采的精神。他的"集体主义"包括"所有人类灵魂的融合"⁴³，他设想这种融合在本质上是酒神式的，由恋人的亲密关系来预示；其结果是创造一种自主的文化，这种文化由解放的创造力来驱动。同时，他指出，资产阶级文化没有任何实质上的个人主义——在资产阶级文化中，自主的个人只是作为一种形式而至高无上，但事实上是空洞和无能的。他把自己的伦理学描述为"享乐主义的非道德主义"——这可能是一个误导性的术语，因为他坚持把享乐主义与任何形式的功利主义、消极满足，或虚荣的舒适、或完全消除困难和痛苦区分开来。可能是借鉴了尼采的做法，他确保不谴责苦难。"社会主义高于资本主义，不是因为它消除了苦难，而是因为它消除了使人堕落的苦难。"⁴⁴无论他提出什么样的伦理，他都没有提出一个道德体系——任何独立于人们的生

---

① 弗拉基米尔·巴扎罗夫（Vladimir Bazarov, 1874—1939），俄罗斯马克思主义革命家、记者、哲学家和经济学家。巴扎罗夫作为苏联经济计划发展的先驱而为人熟知。

活经验和出现的文化的永久的抽象的理想，他把这些理想作为"形而上学的"和"专制的"来拒绝。像尼采一样，他把自由理解为高于道德，超乎道德的。"生活，可能是一个无可救药的庸俗事物，正是因为它是通过道德规范的昏暗玻璃来看待的。……为了抓住生命的奥秘，人们必须反抗这样的规范。"[45]

还可以列出更多，但我们已经可以问："这些思想家在挪用尼采时表达了什么权力意志?"显然，他们都有各自的特点，有不同的兴趣和侧重点，但究竟是什么让他们与当时的许多其他俄国马克思主义者区别开来呢?当然，有尼采式的语言，还有共同的文学和文体学天赋，以及对有时被马克思主义者（尤其是马克思主义漫画家）忽视或否定的领域——文化、美学和创造力、伦理和价值观，甚至认识论——的发展兴趣，而且每个人都否定抽象的道德、责任和义务。所有这些都是重要的，但任何人都可以在写作中对尼采的术语进行口诛笔伐，包括纳粹分子。重要的是他们在生活中所采取的立场：他们都在不同的时间，以不同的身份，在不同的程度上，采取了抵抗的立场。

苏维埃社会主义共和国联盟成立之初，是一个相对贫穷、相对没有工业化的国家，受到第一次世界大战和内战的蹂躏，并面临着来自世界上最强大国家的军事侵略威胁。很明显，这种危险和不稳定不是建立社会主义的条件，布尔什维克也承认这一点；他们打算维持共和国，直到欧洲的革命成功，并且通过国际支持可以满足俄国社会主义的条件。苏维埃共和国从一开始就有缺陷，这些缺陷不能归结为物质环境，而是党的组织问题；尽管如此，至少可以说它在早期**曾是**世界革命的力量，因为它向欧洲的各个革命社会主义者提供了财政和军事援助，点燃了革命的浪潮。但德国革命失败了，苏维埃共和国最终变得软弱、孤立和绝望。从一开始就对官僚主义无产阶级构成越来越大威胁，加上军事化，使苏维埃共和国越来越远离社会主义。内战使布尔什维克几乎失去了他们的整个工人阶级基础，因为到 1921 年，大多数产业工人要么离开去参加红军战斗，要么回到了土地上。这甚至导致列宁说"我们是一个已经不存在的阶级的代表"[46]。

如果拿莫斯科 4700 名负责的共产党员和一堆官僚主义的庞然大物来说，是谁领导谁呢？说共产党员在领导这堆庞然大物，我很怀疑这种说法。说句实话，不是他们在领导，而是他们被领导。

工人政权的堕落随着斯大林的崛起而愈演愈烈，他放弃了国际主义的马克思主义项目，而选择了国家建设，放弃了苏维埃政权在推进社会主义方面的最后一丝希望①。这

---

① 斯大林的"一国建成社会主义"是荒谬的，是反马克思主义的。资本主义是一个世界体系，马克思和恩格斯一直强调废除资本主义只能是一个国际事件。"这种革命能不能单独在一个国家发生？不能。单是大工业建立了世界市场这一点，就把全球各国人民，尤其是各文明国家的人民，彼此紧紧地联系起来，以致每一国家的人民都受到另一国家发生的事情的影响。因此，共产主义革命将不是仅仅一个国家的革命，而是将在一切文明国家里……同时发生的革命……它是世界性的革命，所以将有世界性的活动场所。"——恩格斯《共产主义原理》。——作者注。（译文摘自马克思、恩格斯：《马克思恩格斯文集》第一卷，北京：人民出版社 2009 年版，第 687 页。）

是真正的悲剧词义。苏维埃共和国，这个历史上第一个工人国家，注定要成为革命所争取的一切的反面。具有讽刺意味的是，无产阶级革命恰恰履行了资产阶级革命在西欧已经履行过的职能：工业化、无产阶级化、资本主义社会关系的扩张。

在这种情况下，即使面对徒劳的努力，尼采式的马克思主义者也拒绝屈服于消极的奴役：他们为摆脱资产阶级社会的束缚而斗争，就像他们为摆脱日益增长的党的官僚机构的束缚而斗争一样激烈。当苏维埃共和国开始堕落时，他们是那些继续期待更多的人，他们**仍然**看到未来的理想。即使在斯大林主义面前，他们的斗争也最终被证明是徒劳的，但他们仍然以他们的立场所允许的任何方式**继续推进**。波格丹诺夫始终坚持自己的批评权，批评新经济政策，甚至认为新兴的苏维埃政权表达的是技术官僚和官僚的利益，为此他面临逮捕，他的档案一直到他死后才被解封。在斯大林的统治下，卢纳察尔斯基的名字被迫从共产党的历史中抹去，他的回忆录也被禁。当然，是沃尔斯基和巴扎罗夫不得不为他们的反对立场付出最惨重的代价。重要的是，他们并没有停留在反对所有倾向于剥夺生命和反人类的政权和机构的斗争上。他们还参与了积极的**价值定位**，拒绝接受被俄罗斯传统、民族主义、资本主义、正统宗教或西方建立的自由主义理论，但**也**拒绝接受许多马克思主义的正统观念、新兴的党的教条或其新实施的文化规范。他们从未停止过展望未来，继续走钢丝。

7

鉴于尼采在 20 世纪 30 年代之前在左派中的受欢迎程度，人们必须问，尼采是如何被转化为纳粹英雄，甚至是纳粹政权的合法化者的。这不可避免地要从他的妹妹伊丽莎白的故事说起，她甚至在尼采还活着的时候就对他施加了占有欲，插手了他早期的恋情，并故意玷污了他与保罗·雷尔和卢·萨洛梅的友谊。1885 年，伊丽莎白嫁给了伯恩哈德·福斯特：一个极右的、反犹的德国民族主义者，他的目标是建立一个"纯粹的雅利安人定居点"。尼采不仅拒绝参加他们的婚礼，而且最终还因此不承认自己的妹妹。尽管如此，尼采死后，伊丽莎白还是获得了尼采档案的所有权。后来，她开始支持纳粹党，亲自会见了希特勒，甚至成为第三帝国的某种母性形象，甚至希特勒都参加了她的葬礼。

伊丽莎白的占有本能被赋予了巨大的权力，她可以接触到尼采的档案，并享有权利。她能够塑造尼采的出版物，将自己作为他最亲密的熟人和知己，并对尼采这个人和他的作品提出自己的解释。她利用这一点来扩大自己的政治影响力，甚至编造信件来吸引德国右派的政治人物，比如一封尼采赞美德国皇帝的伪造信件。

《权力意志》这本书是福斯特的创作，由尼采笔记本中未发表的片段拼凑而成，其中许多片段只是为更深入的章节做准备。尽管尼采曾计划以《权力意志》为题写一本巨著，但他在最后崩溃前放弃了这个计划，即使他没有放弃，其中所用片段的选择和排序也极不可能与他妹妹的作品一致。在很长一段时间里，读者并不知道这一点，他们认为这就是伊丽莎白所说的尼采的巨作。海德格尔（顺便说一下，另一位能够接触到尼采档案的纳粹党员）认为《权力意志》是尼采最重要的作品。直到社会主义的意大利尼采学者马齐诺·蒙蒂纳里（Mazzino Montinari）费力地研究了尼采的档案，才发现尼采的片段在何种程度上被有选择地选择、修改、重新组合，以及断章取义地组成了这部作品，甚至导致蒙蒂纳里宣称他某本书的标题名为《权力的意志不存在》。

　　伊丽莎白的努力虽然至关重要，但还不足以使尼采纳粹化。前面提到的托马斯·曼的作品在将他作为一个本质上是日耳曼人的人物进行普及方面起到了至关重要的作用（他本人也被恩斯特·贝特伦的《尼采：神话的尝试》所预示，该书荒唐地将神话化的尼采描述为一个日耳曼先知）。这是一个由第三帝国的官员们进一步推动和完成的过程。尼采被说成是德国知识传统的直接延续，从德国浪漫主义开始，一直到瓦格纳和纳粹主义。尼采被置于这一脉络中，因此被认为是德国民族命运的预言家之一。但在纳粹上台之前，右翼对尼采的挪用是随着第一次世界大战的爆发而真正开始的。特别实用的《查拉图斯特拉如是说》甚至被分发给了德国军队，而尼采对"战争"的隐喻被认为是军国主义的理由。事实上，尼采憎恨军国主义，尤其是德国的军国主义，因为他生命中最痛苦的几年中的一些时间是在战地医院度过的，并因此失去了一些最亲密的朋友——在某些方面，他甚至期待着世界和平的未来。

让尼采看起来与德国的"民族命运"相一致，意味着让他与理查德·瓦格纳相一致。因此，纳粹时期最重要的尼采普及者之一阿尔弗雷德·鲍姆勒（Alfred Baeumler）对尼采的整个中期作品的价值大打折扣，这些作品以及尼采1888 年的两部反瓦格纳论著（《瓦格纳事件》和《尼采反对瓦格纳》），最清楚地表明了他与叔本华和瓦格纳的决裂，不出所料，被认为是尼采的巨作的是《权力意志》。鲍姆勒认为，尼采出版的许多书籍让人"很难……看到他一生工作的统一性"，只有《权力意志》这本甚至说它不是由尼采整理出来的书才揭示了他思想的"基本结论"[48]和统一性。通过假装尼采从未脱离其第一本书《悲剧的诞生》的形而上学框架，鲍姆勒试图将尼采与作为其成熟思想特征的历史态度拉开距离。例如，他以一种完全反尼采的方式来理解神话，不是作为一种历史现象，而是一种"直观的史前建构，具有永恒的、无所不包的、取之不尽的内容"。随后，鲍姆勒的解读又完全拒绝了尼采的永恒回归和狄奥尼索斯的概念——恰恰是那些尼采在生命的最后阶段一直认为是最重要的肯定生命的概念。这并不奇怪，鲍姆勒害怕狄奥尼索斯式的理想，它包括激进的、变革性的狂喜，在这种狂喜中，个人打破了先前建立的界限。对于尼采来说，"对消逝和毁灭的肯定"是"狄奥尼索斯哲学中决定性的东西"[49]，而这一特征与鲍姆勒的一元化国家主义相悖。尼采在崩溃之后，在一封信中写道，他要把所有的反犹太主义者都枪毙，并在信上签上了狄奥尼索斯的名字[50]——那么，鲍姆勒无意与这位希腊神交好也就说得通了。

公众领域最著名的尼采普及者之一是海因里希·海特勒（Heinrich Härtle），他撰写的《尼采和国家社会主义》，展现出尼采作为纳粹盟友的一面。他（从他自己的角度）正确地指出尼采的思想、个人主义、对国家的敌视以及他对于世界主义欧洲的希望中存在的"瑕疵"，在评估尼采对历史的态度时，他写道："这里缺少一些东西，这对我们来说是核心：种族。"[51]他似乎没有意识到，"种族"这一概念在尼采的历史方法中是缺失的，同时以种族为中心会与尼采的谱系学中心论相违背。正如雷蒙德·戈伊斯所说，种族化的历史主义是一种"追溯谱系"的案例——与家谱正好相反。它试图证明某物的价值（在这种情况下，是现代德国人，尤其是那些蓝眼睛和金发的人），方法是通过一条完整的遗传线追溯到起源点（正宗的原始雅利安人据说居住在北德平原）。这一切都与尼采的谱系方法相矛盾。谱系学否认历史上存在这种不间断的世袭谱系，历史总是以破碎、断裂和跃迁为特征；它否认存在这样的绝对起源点，相反，历史发展的现象是作为不同发展的组合出现的，因此总是具有多重起源；最后，它否认人们可以通过跟踪某个实体的历史发展可以证明其绝对价值，因为历史实体的价值、功能和目的总是在变化和转变。通过指出尼采的历史方法缺乏种族，这对纳粹来说是"中心"，海特勒无意中暗示了纳粹学说与尼采的历史方法之间绝对不相容的一点。

8

在苏联，尼采的著作于 1923 年被禁。这体现出该政权完全丧失了革命性；20 世纪 30 年代苏联哲学家不加批判地接受对尼采的法西斯式解读。这是两种体制的双赢局面：纳粹德国将尼采的激进和改革潜力完全中立化，而苏联本身全然否定生命，并且谴责尼采是法西斯主义哲学家。苏联尼采解读模型由 B. M. 博纳蒂纳（B. M. Bernadiner）设计，他吊诡地将权力意志解读为德国和意大利法西斯主义者趋向帝国主义统治，并将尼采解读为反对个人自由。这样的观点通过提及纳粹对尼采的盗用而获得支持，但是，苏联的尼采反对人士却为其他德国古典思想家辩护，使其免受纳粹的挪用，甚至包括约翰·戈特利布·费希特①（Johann Gottlieb Fichte），纳粹将其作为核心影响人物，而他与尼采不同，是一个激烈的德国民族主义者和反犹主义者，这就说明了这种做法的不诚实。

---

① 约翰·戈特利布·费希特（Johann Gottlieb Fichte，1762—1814 年），德国哲学家，德国古典哲学的代表人物，主观唯心主义者。

9

纳粹盗用尼采的后果今日仍然可见，因为今天有那么多白人至上主义者和民族主义者声称尼采属于自己的阵营。例如，理查德·斯宾塞（Richard Spencer）曾经说过，他是"被尼采染红的"[52]。虽然今天的法西斯分子有很多高层次的朋友，但参与该运动的大部分年轻人和大多数人一样，经历着身份的丧失、指导性价值观的缺失，以及日益增长的无社会价值感和无能为力感。尼采的作品正是针对这样的问题，他强有力的语言甚至常常成为补偿和保证。今天的右翼青年往往被一种怪诞而扭曲的"物质主义"所驱使——身体是最真实的、最重要的东西，通过社会调节，他们学会了用那些被种族化的特征来识别身体。

在当代人的联想下，当然应该警醒尼采谈论的"主宰种族""金毛野兽"，尼采没有更谨慎地选择他的用语，这是他的过错。但是，这些"猎物"的"金毛"，正如纳粹党人后来所解释的那样并不是指拥有金发的人类。它指的是狮子的金毛，"四处游荡"（prowling round）和"野蛮状态"（wilderness）[53]表明了这一点——因此，在本书的另一部分，他把荷马史诗中的希腊人称为"内心深处的野兽"[54]，《查拉图斯特拉如是说》中的一首诗也同样提到了"金毛的狮子猛兽"[55]。种族的解释甚至没有意义，因为在同一页上，作为这些"金毛"猛兽的例子，尼采给出了阿拉伯和日本的贵族等。

但是指出这些还远远不够。我们必须要看到，尼采与**如此种种**的种族思想保持距离，特别是当他看到种族思想在德国所采取的形式时：他宣称自己的格言是"不与任何在狡猾的种族骗局中拥有份额的人交往。"[56]在一次演讲中，他拒绝了民族主义和种族主义，他说："我们这些无家可归者，亦即'现代人'，按种族和出身实在过于复杂、不纯，故而不愿参与那骗人的种族自我欣赏，这东西时下在德国被标榜为德国精神之象征。"[57]他拒绝的不仅仅是他那个时代的种族主义观点。他积极反对种族纯洁或民族隔离的理想，因为"在种族混杂的地方，就有伟大文化的源头"[58]。《道德的谱系》中的分析所揭示的对"纯洁"的迷恋，毕竟倾向于只是最重要的**牧师理想**的一种表达。

通过正确识别资本的基本机制，马克思在 1848 年已经预言了全球化和国家重要性因此下降。"不断扩大产品销路的需要，驱使资产阶级奔走于全球各地。它必须到处落户，到处开发，到处建立联系。资产阶级，由于开拓了世界市场，使一切国家的生产和消费都成为世界性的了。"[59]"现代工业"因此"使无产者失去了任何民族性"[60]。在 1848 年时，这还是一个令人震惊的说法，而现在对我们来说这是显而易见的，因为马克思是正确的，我们也经历了这个过程。20 世纪是民族国家的世纪——法西斯主义、斯大林主义、社会民主主义；但资本是贪得无厌的，民族不得不让位给跨国资本、新自由主义。保守派仍然难以理解我们这个时代最基本的社会事实——他们把民族和家庭的衰落归咎于社会主义者，而这两者都不断地、越来越多地被资本主义所破坏——甚至在资本主义还依赖它们的时候。法西斯主义总是向后看的：在其全盛时期，它包括对前现代、农村民族文化的怀念。今天，死灰复燃的法西斯主义是对20世纪民族国家的怀念：工人拥护法西斯主义是因为他们把日益恶化的社会状况归咎于移民，小资产阶级拥护法西斯主义是因为跨国资本威胁到所有小企业，某些政治家拥护法西斯主义是因为其势力范围日渐式微。

尼采也预见到了民族主义的衰落，但是以一种非常不同的个人方式——即通过他自己特殊的生活环境。尼采刚到瑞士担任教授时，按照大学的要求放弃了普鲁士国籍，以便免于征兵。当时，他还没有获得瑞士国籍，后来也再未获得过。因此，他一生中的大部分时间在**法律上**是**无国籍**的。这种国籍的丧失就像是尼采很早就开始感受到的一种世界公民意识的正式洗礼，是一种随着时间推移只会越来越强烈的全球自我形象。早在1873年，尼采就在一份说明中说道："世界主义必须扩散开来。民族国家的任意边界逐渐失去了它的神秘性，而显得更加可怕和糟糕。"[61]在生命的后期，尼采实际上成了在欧洲的游牧者，他从未在任何国家定居太久，通常在瑞士阿尔卑斯山、威尼斯、意大利和法国之间交替出现。在他的生活方式中，国界可能根本就不存在，而且他更希望国界并不存在。因此，在《论道德的谱系·善恶之彼岸》中，他预计并欢迎"欧洲人融合为一的过程……他们逐渐摆脱了任何确定的环境，这种环境若干世纪以来一直想在心灵和肉体上刻上自己的名字，因此，慢慢出现了一种基本上超民族的和游牧种族的人"[62]。这种情绪一直持续到他生命的最后一刻——在他写的最后一本书《看哪这人：尼采自述》① 中，他把民族主义称为**"民族神经官能症"**，"现存的反对文化这种病态非理性"[63]，他设想在一场"精神之战"中解体，"一切旧社会的权力产物会被炸得粉碎——因为它们都是靠谎言起家的。"[64]在尼采晚年的一封写给格奥尔格·勃兰兑斯②（Georg Brandes）的信中，他甚至设想出世界和平。信中写道："如果我们赢了……我们将克服种族、国家和阶级之间的荒谬界限；只剩下人与人之间的等级秩序。"[65]也许人们应该对这封信持谨慎态度，因为它是在精神错乱时期写的，但这封信的内容在他早期的著作中是有先例的，而且，如果这封信准确地反映了尼采的观点，那么，尼采经常说的"等级秩序"是由出生决定的这种想法就不存在了。

而我们甚至还没有提到他对反犹太主义的强烈憎恨——他最强烈、最持久的憎恨。尼采不仅鄙视反犹主义者，他还积极地站在犹太人一边，赞扬他们对欧洲文化的贡献，并说"把排犹的叫嚷者驱逐出境，也许是有利的和正当

---

① 除了《尼采反对瓦格纳》之外的最后一本书。严格来说，这本书是一篇论文。——作者注

② 格奥尔格·勃兰兑斯（George Brandes，1842—1927 年），丹麦著名的文学评论家和文学史家，倡导现实主义。他的不朽著作《十九世纪文学主流》，流布甚广。在尼采看来，勃兰兑斯"是一个优秀的欧洲人，是文化传教士"。

的"[66]。当喜欢尼采作品的反犹主义者西奥多·弗里奇把自己的著作寄给他时，尼采回复说，要求他"今后不要向我提供这些（反犹主义的）邮件。我担心，到最后，我的'耐心'——这些对'日耳曼人''闪米特人''雅利安人''德国人'等模糊概念的不断的、荒谬的伪造和合理化——所有这些都可能在长期内导致我发脾气"——"当查拉图斯特拉这个名字被反犹太主义者念叨时，你认为我是什么感觉？"[67]也许部分是指反犹太主义的伪造，或者是对这些伪造的预期，查拉图斯特拉说："我的敌人势力强大，歪曲了我的教义的真面目。"[68]

当尼采因其妹妹嫁给一名铁杆反犹主义者而对她失去耐心时，他在一封信中慷慨激昂地写道：

> 难道你对我在这个世界上的原因一无所知吗？……现在已经到了这样的地步，我不得不手脚并用地为自己辩护，反对那些把我和这些反犹太主义的恶棍混为一谈的人；……当我在反犹太主义的通讯中读到查拉图斯特拉这个名字时，我的忍耐就到了尽头。我现在处于对你配偶的团伙的紧急防御状态。这些可恶的反犹主义者、畸形的东西不会玷污我的理想！[69]

对反犹太主义的抵制不仅仅是尼采的个人怪癖——这对他的哲学至关重要。作为与马克思类似的现代性批评者，尼采确定了全面的社会状况，即禁欲主义理想以一种独立于任何特定个人或群体的有意识的方式发挥其力量。将现代性的病症归咎于任何特定的群体，尤其是种族定义的群体，就是放弃尼采和马克思以及任何值得尊敬的现代社会理论。这意味着理论扭曲，更重要的是，这意味着否认责任——不是**道德**责任、内疚，而是承认自己的能动性如何被牵着鼻子走（即使是无意识和不情愿地和在虚无主义的社会状况中），以及如何被改变。这种扭曲不仅使理论无法得到理解，而且使人们无法按照理论行事。马克思的情况就是这样，因为针对特定的种族或民族群体，即使是特定的资本家群体，也意味着错过了实际上的众矢之的——资本。同样，对于尼采来说，如果把虚无主义集中在一个特定的、有限的个人群体中，就不仅仅是错过了虚无主义的普遍性，更是错过了它的本质。这样一来，人们就错失了目标，甚至助长了目标的发展：工人阶级的反犹主义者因其对犹太人的道德化或怨恨而变得火上浇油；同时，他们压制自己的驱动力，既是因为他们的民族主义和传统主义价值观要求采取禁欲措施，也是因为他们必须愉快地服从于自己民族资产阶级的剥削。他们放弃了所有有组织的自主权，甚至放弃了独立的工会，变成了任由国家和工业摆布的哈巴狗；他们的生活条件随时都有可能被剥夺，以至于沦落到乞讨的地步。禁欲主义理想的所有要素在这里得到了充分的展示。

多么荒谬，右翼分子相信他们的"维护西方文化"的主张得到尼采的背书。他们根本没意识到尼采是其最严厉的批评者：这样的文化**就是**虚无主义！

注释:

1. ［德］弗里德里希·尼采:《人性的，太人性的：一本献给自由精神的书（上卷）》，魏育青译，上海：华东师范大学出版社 2007 年版，第 18—19 页。

2. Frederic Jameson, *The Political Unconscious.* Ithaca: Cornell University Press, 1981, p. 102.

3. 马克思、恩格斯:《马克思恩格斯文集》第一卷，北京：人民出版社 2009 年版，第 500 页。

4. Karl Korsch, *Marxism and Philosophy*, New York: Monthly Review Press, 1970.

5. ［德］弗里德里希·尼采:《历史的用途与滥用》，陈涛、周辉荣译，上海：上海人民出版社 2000 年版，第 57 页。

6. ［德］弗里德里希·尼采:《历史的用途与滥用》，陈涛、周辉荣译，上海：上海人民出版社 2000 年版，第 64 页。

7. ［德］弗里德里希·尼采:《人性，太人性的》上卷，魏育青译，上海：华东师范大学出版社 2007 年版，第 19 页。

8. ［德］弗里德里希·尼采:《历史的用途与滥用》，陈涛、周辉荣译，上海：上海人民出版社 2000 年版，第 57 页。

9. ［德］弗里德里希·尼采:《快乐的科学》，黄明嘉译，桂林：漓江出版社 2000 年版，第 192 页。

10. 马克思、恩格斯:《马克思恩格斯文集》第一卷，北京：人民出版社 2009 年版，第 540 页。

11. 马克思、恩格斯:《马克思恩格斯文集》第十卷，北京：人民出版社 2009 年版，第 179 页。

12. 尼采发现达尔文观点错误的原因之一是因为他认为这意味着所有生物都寻求保护高于一切，因此无法解释风险、牺牲或自杀等现象。毋庸置疑，尼采对达尔文的理解并不是特别复杂深刻，很大程度上是因为尼采通过宾塞等作家的阐释接近了达尔文主义。尼采与达尔文这样的人有很多相似之处，也许这正是他强烈需要与他保持距离的原因之一。——作者注

13. 马克思、恩格斯：《马克思恩格斯文集》第四卷，北京：人民出版社 2009 年版，第 268 页。

14. Friedrich Nietzsche, *Unpublished Writings from the Period of Unfashionable Observations*, Richard T. Gray（trans.），Stanford：Stanford University Press. Summer-Autumn 1873, 29［53］.

15. ［德］弗里德里希·尼采：《历史的用途与滥用》，陈涛、周辉荣译，上海：上海人民出版社 2000 年版，第 67 页。

16. 马克思、恩格斯：《马克思恩格斯文集》第四卷，北京：人民出版社 2009 年版，第 269 页。

17. ［德］弗里德里希·尼采：《道德的谱系》，梁锡江译，上海：华东师范大学出版社 2007 年版，第 133 页。

18. ［德］弗里德里希·尼采：《道德的谱系》，梁锡江译，上海：华东师范大学出版社 2007 年版，第 130 页。

19. ［德］弗里德里希·尼采：《道德的谱系》，梁锡江译，上海：华东师范大学出版社 2007 年版，第 131 页。

20. ［德］弗里德里希·尼采：《道德的谱系》，梁锡江译，上海：华东师范大学出版社 2007 年版，第 133 页。

21. 这句话来自于被尼采的妹妹篡改的部分，后来被马兹诺·蒙蒂纳里（Mazzino Montinari）恢复，又再次被删除，因为人们发现它来自一个被替代的草稿。这句话可以在《看哪这人：尼采自述》的解

释性说明中找到。——作者注。(参见 [德] 弗里德里希·尼采:《看哪这人:尼采自述》,张念东、凌素心译,北京:中央编译出版社 2000 年版,第 142 页。)

22. [德] 弗里德里希·尼采:《查拉图斯特拉如是说》,钱春绮译,北京:生活·读书·新知三联书店 2007 年版,第 52 页。

23. Max Whyte, "The Uses and Abuses of Nietzsche in the Third Reich: Alfred Baeumler's ' Heroic Realism ' ", *Journal of Contemporary History*, Vol. 43, No. 2, 2008, p. 176.

24. Rudolf Krutz, "Programmatisches,", cited in Seth Taylor, *Left-wing Nietzscheans*, Berlin: Walter de Gruiter, 1989, p. 44.

25. Kurt Hiller, "Philosophie des Ziels", cited in Seth Taylor, *Left-wing Nietzscheans*, Berlin: Walter de Gruiter, 1989, p. 71.

26. Otto Gross, "Orientierung des Geistigen", cited in Seth Taylor, *Left-wing Nietzscheans*, Berlin: Walter de Gruiter, 1989, p. 114.

27. Wilhelm Herzog, "Friedrich Nietzsche und die Deutschen", cited in Seth Taylor, *Left-wing Nietzscheans*, Berlin: Walter de Gruiter, 1989, p. 210 – 211.

28. Herzog, Wilhelm, "Dem toten Kameraden Ludwig Rubiner", cited in Seth Taylor, *Left-wing Nietzscheans*, Berlin: Walter de Gruiter, 1989, p. 214.

29. 同上。

30. Wilhelm Herzog, "Terror gegen Terror", cited in Seth Taylor, *Left-wing Nietzscheans*, Berlin: Walter de Gruiter, 1989, p. 214.

31. Alexander Bogdanov, "Empiriomonism", cited in Bernice Glatzer Rosenthal, *New Myth, New World: From Nietzsche to Stalinism*, University Park: The Pennsylvania State University Press, 2002, p. 72.

32. 同上。

33. Alexander Bogdanov, "Red Star", cited in George L. Kline, "Nietzschean Marxism" in Russia, in Frederick J. Adelmann (ed.) *Demythologizing Marxism: A Series of Studies on Marxism*, Boston: Springer, 1969, p. 180.

34. 同上。

35. [德] 弗里德里希·尼采:《查拉图斯特拉如是说》, 钱春绮译, 北京: 生活·读书·新知三联书店 2007 年版, 第 15 页。

36. Stanislav Volski, "Filosofiya borby: opyt postroyeniya etiki marksizma", cited in George L. Kline, "Nietzschean Marxism" in Russia, in Frederick J. Adelmann (ed.) *Demythologizing Marxism: A Series of Studies on Marxism*, Boston: Springer, 1969, p. 173.

37. 同上。

38. 同上。

39. 同上。

40. George L. Kline, "Nietzschean Marxism" in Russia, cited in George L. Kline, "Nietzschean Marxism" in Russia, in Frederick J. Adelmann (ed.) *Demythologizing Marxism: A Series of Studies on Marxism*, Boston: Springer, 1969, p. 175.

41. A. V. Lunacharski, "Problemy idealizma's tochki zreniya kriticheskovo realizma," in Obrazovyaniye, No. 2, cited in George L. Kline (1969) "Nietzschean Marxism" in Russia, in Frederick J. Adelmann (ed.) *Demythologizing Marxism: A Series of Studies on Marxism*, Boston: Springer, 1969, p. 175.

42. 同上, p. 176.

43. Vladimir Bazarov, "Na dva fronta, St. Petersburg", cited in George L. Kline (1969) "Nietzschean Marxism" in Russia, in Frederick

J. Adelmann（ed.）*Demythologizing Marxism：A Series of Studies on Marxism*，*Boston：Springer*，1969，p. 182.

44. 同上，p. 181.

45. 同上，p. 180.

46. *Stalin and Stalinism*，*International Communists*，#22，2003

47. 列宁：《列宁全集》增订版第 43 卷，北京：人民出版社 2007
年版，第 97—98 页。

48. Alfred Baeumler，"Nietzsche，der Philosoph und Politiker"，cited in Max Whyte "The Uses and Abuses of Nietzsche in the Third Reich：Alfred Baeumler's 'Heroic Realism'" in *Journal of Contemporary History*，Vol. 43，No. 2，p. 180.

49. ［德］弗里德里希·尼采：《看哪这人：尼采自述》，张念
东、凌素心译，北京：中央编译出版社 2000 年版，第 70 页。

50. Friedrich Nietzsche，Letter to Franz and Ida Overbeck，ca.
January 4th.

51. Heinrich Härtle，"Nietzsche und der Nationalsozialismus"，cited
in Max Whyte，"The Uses and Abuses of Nietzsche in the Third Reich：Alfred Baeumler's 'Heroic Realism'"，*Journal of Contemporary History*，Vol. 43，No. 2，2008，p. 188.

52. Graeme Wood，"His Kampf"，*The Atlantic*，June 2017.

53. ［德］弗里德里希·尼采：《道德的谱系》，梁锡江译，上
海：华东师范大学出版社 2007 年版，第 84 页。

54. ［德］弗里德里希·尼采：《道德的谱系》，梁锡江译，上
海：华东师范大学出版社 2007 年版，第 150 页。

55. ［德］弗里德里希·尼采：《查拉图斯特拉如是说》，钱春绮
译，北京：生活·读书·新知三联书店 2007 年版，第 375 页。

56. Walter Kaufmann, *Nietzsche*: *Philosopher*, *Psychologist*, *Antichrist*. Princeton: Princeton University Press, 4th ed. , 1950, p. 284, 303.

57. ［德］弗里德里希·尼采:《快乐的科学》,黄明嘉译,桂林:漓江出版社2000年版,第315页。

58. Walter Kaufmann, *Nietzsche*: *Philosopher*, *Psychologist*, *Antichrist*. Princeton: Princeton University Press, 4th ed. , 1950, p. 284, 303.

59. 马克思、恩格斯:《马克思恩格斯文集》第二卷,北京:人民出版社2009年版,第35页。

60. 马克思、恩格斯:《马克思恩格斯文集》第二卷,北京:人民出版社2009年版,第42页。

61. Julian Young, *Friedrich Nietzsche*: *A Philosophical Biography*, Cambridge: Cambridge University Press, 2010, p. 180.

62. ［德］弗里德里希·尼采:《论道德的谱系·善恶之彼岸》,谢地坤、宋祖良、程志民译,桂林:漓江出版社2000年版,第259页。

63. ［德］弗里德里希·尼采:《看哪这人:尼采自述》,张念东、凌素心译,北京:中央编译出版社2000年版,第142页。

64. ［德］弗里德里希·尼采:《看哪这人:尼采自述》,张念东、凌素心译,北京:中央编译出版社2000年版,第150页。

65. Julian Young, *Friedrich Nietzsche*: *A Philosophical Biography*. Cambridge: Cambridge University Press, 2010, p. 529.

66. ［德］弗里德里希·尼采:《论道德的谱系·善恶之彼岸》,谢地坤、宋祖良、程志民译,桂林:漓江出版社2000年版,第268页。

67. Friedrich Nietzsche, Letter to Theodor Fritsch, March 29th, 1887.

68. ［德］弗里德里希·尼采:《查拉图斯特拉如是说》,钱春绮译,北京:生活·读书·新知三联书店2007年版,第88页。

69. Friedrich Nietzsche, Letter to Elisabeth Förster Nietzsche, December 1887.

五、肯定生命

（一）劳动力的划分

1

"一个成人不能再变成儿童，否则就变得稚气了。但是，儿童的天真不使成人感到愉快吗？他自己不该努力在一个更高的阶梯上把儿童的真实再现出来吗？"[1] 尼采在写道"（人类）成熟"意味着"重新找到人们作为孩子在游戏时曾有的严肃"[2] 时，表达了同样的对童年时代的**扬弃**。如果古希腊文化是我们的童年，那么我们的童年就是这样被复制的。在更高的层次上，马克思和尼采都将古希腊的**全面发展**（paideia）理想视为未来可以实现的东西，这是有道理的。这是充分、全面发展和个人和谐的理想，在理论和实践、文化和艺术的所有领域都得到发展和强化。

当马克思谈到社会主义使"**丰富的人**"成为可能时，他所唤起的正是这种理想，他"需要有人的生命表现的完整性的人……他自己的实现作为内在的必然性、作为需要而存在。"[3]——"这种个性无论在生产上和消费上都是全面的。"[4] 马克思希望有一个世界，能够提供"个人受教育的时间，发展智力的时间，履行社会职能的时间，进行社交活动的时间，自由运用体力和智力的时间"[5]。而尼采在《偶像的黄昏》中描述歌德——他心目中伟大人类的最佳典范——提到的也是这个理想："他想要的，那是**整体**；他抵制理性、感性、情感和意志的互相隔离……他训练自己成为整体，他创造自身……但歌德塑造了一个坚强、有高度修养，所有体态动作灵巧轻盈，具有自制力、敬畏自身的人，他可以把自然品质的全部领域和财富，大胆地给予自己。"[6]

托洛茨基声称，在共产主义条件下，"人类思维的平均水平将上升到亚里士多德、歌德或马克思的高度"。[7] 这样的断言似乎有些夸张，但如果我们从实现**全面发展**的角度来解读它，它就会变得更有说服力。亚里士多德和歌德正是接近这一理想的例子，他们向多个方向发展，寻求丰富的力量和能力，并努力实现完全性和整体性。

现代性的特点是失去了这种理想，是人类的**碎片化**。正如查拉图斯特拉所说的：

确实，我的朋友们，我行走在世人中间，就像是在人的碎块和断手断脚之间！

我看到世人被割成碎块零落分散，像在战场上和屠宰场上一样，这对于我的眼睛真是一大恐怖。

当我的眼睛从现在逃往过去时，看到的也总是同样情况：碎块和断手断脚和残酷的偶然——却没有任何人！[8]

2

但为什么这个理想对我们今天来说如此遥远呢？答案很简单：资本主义的劳动分工。免于分工正是古希腊贵族能够坚持这样一个大胆理想的原因。毕竟，现代雇佣劳动迫使人们陷入狭隘约束中，个人怎么可能实现这样的完全性、整体性、扩张性？尼采在他的自传《看哪这人：尼采自述》中对其早期作品《不合时宜的沉思》进行了反思，他说这本书"指明了我们科学活动方式的危险性，指明了这种方式侵蚀和毒害了生命的因素——生命受到了这种非人化齿轮装置、机械论、工人的'非人格'化、'劳动分工'这种伪经济学的**危害**。**目的**没有了，文化——是手段，现代的科学活动，变得野蛮化了……"[9]

今天，这种"劳动分工"的"虚假经济"将大多数人限制在重复的、单一的、有限的任务中，使人失去人性——就好像任何对手头的任务没有贡献的肢体和附属物都可能被截掉一样。马克思说得很好，他说："工场手工业把工人变成畸形物，它压抑工人的多种多样的生产志趣和生产才能……而且个体本身也被分割开来，转化为某种局部劳动的自动的工具。"[10]恩格斯补充道："大工业的机器使工人从一台机器下降为机器的单纯附属物。"[11]

为了避免 19 世纪的工厂工作环境使这些引言显得过时，让我们不要假设当代服务人员可以避免这样的畸形。所谓的"微笑面具综合症"① 提供了一个怪诞但具有启发性的例子，这是日本精神病学家夏目诚（Makoto Natsume）提出的一种心理障碍，他发现某些服务人员必须长时间地假装微笑，甚至在紧张或令人不安的情况下也会自愿微笑。在这里我们看到了一种心理现象，好像禁欲主义理想的那条钻心的虫子一样阴险和自我毁灭。当资本封闭并殖民了身体，它只能通过殖民灵魂来继续，而灵魂已经被几个世纪的虚无主义心理学弄得易受影响也更加皮实了。微笑的能力是以牺牲充分发展的情感生活为代价而强制实现的——我们离实现**全面发展**非常遥远。

世界上大多数人，在清醒的时刻，都生活在这个幽灵般的笼子里，困扰延伸到生活的每个缝隙。如果这个可怕的系统销声匿迹，我们甚至无法想象人类的创造力会达到怎样的高度：广大人民最终能够追求和发展他们多方面的兴趣和能力——多方面活动的爆发在全球范围内联合起来——即尼采的"广泛性和多样性"[12]的社会理想。

3

尼采对资本主义分工的**反感**是一以贯之的——他不相

---

① 微笑面具综合症（Smile mask syndrome，SMS）又称"微笑抑郁症"，是由于患者长期、不自然的微笑而患上的抑郁症和躯体疾病。

信在其爪牙下会出现什么伟大的事物。尽管如此，他从未转向社会主义的原因之一是，在尼采那个时代，他所熟悉的社会主义形式都不够激进，不足以攻击劳动分工本身。无论如何，尼采不认为这种可能性存在于广大人民群众中——他的目光仍然被过去所限制。他将目光投向过去的伟大历史人物，看到他们如何总是站在劳作和苦难的山顶上，而他们个人却能免于劳作和苦难，并由此得出结论，一个伟大的人类没有其他的存在方式——因此尼采的反资本主义是贵族式的。今天，没有任何借口。资本不仅铲除了所有前资本主义的最后一块飞地——包括任何一种贵族制度，它还加速了生产力，使其达到了全球生产过剩的程度——能够满足地球上每个人的基本需求，甚至更多。

值得称道的是，尼采在1877年的笔记中确实提出了警告："只要机器不能减轻他们的工作，就一定会有一类人从事艰苦和粗糙的工作。"[13]所以这种自动化的趋势是公认的，但这还不够。十年复十年，资产阶级承认这种趋势时非常自在，每一次都承诺一个新的、完全自动化和休闲的时代即将到来。在这里，一个向大众承诺的天堂被巧妙地重新构想出来："如果你等待足够长的时间，顺从和被动，你很快就会到达天堂！"

在一个世纪的时间里，自动化在生产力方面已经超过了以前的所有预期，但它所提供的机会如果不被革命阶级积极抓住，将继续产生痛苦。工人阶级几乎没有看到一丝一毫因为自己的劳动生产力飞速增长所产生的财富，而数以百万计的人要么被自动化剥夺了生计，要么生活在对这种情况将会发生的恐惧之中。最后，资本通过发明越来越多的无用工作，将人们从休闲中解救出来，展示了它在非人化和侮辱人类生活方面的无尽创造力。这让我想起了我第一次访问佛罗里达州时无意中看到的美国资本主义意识形态的最令人震惊的展示：在驶离到达的机场的路上，我注意到的第一个景象是一个黑人妇女站在路边，在一天中最热的时候被阳光直射，看不到任何阴凉，她穿着自由女神的衣服在工作——代表自由是工作要求，就像对她的要求一样；她的衣服由廉价的材料制成，很可能在血汗工厂生产。她站在那里，举着牌子为一家税务公司做广告。仿佛工作的每一个细节都被计算得非人一样平庸——强烈的不快，又很乏味，身体上的疲惫却没有回报，表面上还完全没有成就感，容易忘记。所有积极的因素都被消除了，就像在户外工作中本来可以享受到的新鲜空气被道路上吹来的气体和灰尘所填满一样。而孤独——既包括所有被包裹在车辆中的人的距离所产生的孤独，也包括作为唯一一个打扮成自由女神的人所产生的孤独——即使是 19 世纪工厂纪律管理下的工人也没有必要忍受这种孤独。

如果我在社会政治评论电影中看到这个画面，我会认为它是笨拙和夸张的，但这是佛罗里达州一个相对平凡的景象。它完美地概括了 21 世纪工作生活平庸的恐怖。首先，美国的税务公司之所以如此泛滥，只是因为他们不让税表更容易获得，他们努力维持报税的**难度**。与资本主义的教条——利润来自于提供效用——相反，这里的企业正是通过使生活变得稍微不方便而获利。

这个公司在资本积累以外的领域没有任何用处，它本身可以作为对资本逻辑的荒谬性的谴责，雇用人类只是为了把他们变成活生生的路标，路标在烈日下流汗，路标在汽车尾气中呼吸。然后，仿佛羞辱还不够，雇用人们打扮成自由女神像——对服装的选择以及模仿和闹剧到了残酷的程度。几乎就像资本主义本身在通过这种场面嘲弄人类，嘲弄我们，向我们展示它是如何将自由转变为非人的东西。这种工作完美地体现了资本主义的劳动分工是如何从满足一个人的需求的过程中去除所有被赋予权力和肯定生命的元素。

4

尼采对现代社会的批判是一种无法进行社会批判的批判，这与他对人沦为工具或手段的批判有着内在的联系。功能良好的工具是始终保持相同功能的工具，它不会发生变化。会突然改变其功能的工具将是不可靠的，因此是有缺陷的。当社会把多数人降格为工具时，其直接结果是，他们必须被简化为只具备少数功能，这些功能永远不会改变，也不允许出现不可预测和自觉的情况——这样，工人对他们的雇主来说才是可靠的。因此，工人被狠狠地灌输了这点，即他们**没有**能力自发地改变他们的职能，调整他们的活动方向，或设定新的目标。如果这种停滞不前的现象在大多数人中流行开来，社会本身也会停滞不前。

5

不过，也不该把古希腊社会理想化。鉴于他们的技术发展水平较低，全面发展的个人理想只有通过谴责奴役大部分民众的奴隶制才能实现，对他们来说，**全面发展**的理想被明确否定了。事实上，过去所有的阶级社会都是这样的："同一方的自由时间相应的是另一方的过度劳动时间，受劳动奴役的时间"[14]。**全面发展**是由剥削阶级而不是被剥削者制定的，它在现代的实现不可能是简单的复制，因为它以剥削的结束为标志。亚里士多德认为体力劳动是平庸的，对人是有害的，这种观点在古希腊是很普遍的——在那个社会里，只有免于体力劳动的人才可以考虑接近类似**全面发展**的东西。但现代性的技术发展已经大大超过了奴隶社会所能产生的一切。我们惊人的生产力水平，以及巨大的知识体系，如此容易地在全球范围内存储、获取和交流，使得人类全面发展的理想成为一种普遍的可能性——即使在今天的工人阶级中，这些发展在某些情况下也产生了新的喜悦。

今天，人类的全面发展将不是**全面发展**简单的回归，而是其**扬弃**，就像成熟的成年人是童年的**扬弃**一样。它将是一个由社会大众而不是少数人制定的人类发展的理想，是人类创造力的表达，不因地位的随机性而受到影响①。它甚至不惧怕体力劳动，因为体力劳动不仅不会使人类发展成为可能，反而会丰富它，为自我表达创造新的途径，它将充分利用现有的巨大生产力。这是我们的雄心应该达到的高度，但为了保持这种雄心，我们必须控制今天支配我们的机器。

伴随着生产力的巨大提高，资本主义同时产生了浪费和破坏的丑陋景象——为了保持高价格，生产者总是服从于资本的要求，大型农场摧毁了整个蔬菜田，每天倒掉数百万加仑的牛奶，而亚马逊（Amazon）的仓库里有指定区域，用来销毁未被购买的货物。更不用说杂货店和商场扔掉、破坏或浪费的未售出的货物，或者低效运输所浪费的数量。资本的破坏性倾向从大工业的一开始就很明显，此后它们只会变得越来越明显。新冠病毒大流行造成浪费大量增加表明，管理资源的是资本，而不是人类。有三个同时发生的趋势特别明显：1. 资本主义下生产力已经超过了全球人口的需求，并随着资本运动的发展而不断上升，这相当于2. 被破坏或浪费的产品数量不断增加，包括从食物和衣服到消费品直至奢侈品的一切，这与3. 全球范围内持续的饥饿、营养不良和贫困同时发生。

这意味着资本主义没有能力利用它所创造的财富来满足需求。资本主义的存在不再是必须的；它的毁灭是必要

---

① 指非自主意志取得的社会地位（特别指生来既有的），而不是选择或赢得的。——作者注

的。劳动分工不仅可以被站在奴隶背上的少数人废除，而且可以**完全**废除——被送上断头台。在马克思那里，"人的全面发展"（paideia）的概念不只是一个可以幻想的理想，而是一个由现有物质关系使之成为具体可能，甚至是必要的过程。

大工业还使下面这一点成为生死攸关的问题：用适应于不断变动的劳动需求而可以随意支配的人，来代替那些适应于资本的不断变动的剥削需要而处于后备状态的、可供支配的、大量的贫穷工人人口，用那种把不同社会职能当作互相交替的活动方式的全面发展的个人，来代替只是承担一种社会局部职能的局部个人。[15]

这并不等同于人们将不再被分配任务的荒谬想法：它的意思是，人们将不会因经济和政治胁迫而被限制在这些任务上，也不会被这些任务所定义，就像家庭成员可以被要求打扫浴室，而不会因此获得清洁工的称号。社会可以这样组织：任务的轮换使得各种形式的活动成为可能，一个人可以今天进行施工，明天从事设计或建筑工作；上午从事园艺工作，下午从事教学工作；体力劳动和脑力劳动之间没有严格的区分；因此，个人可以在不同的方向上发展自己的潜力，不是作为碎片发挥作用，而是在**整体**上增强自己的能力。这将是一个"没有单纯的画家，只有把绘画作为自己多种活动中的一项活动的人们"[16]的社会，将是"作为目的本身的人类能力的发展"[17]。

6

全球资本主义秩序产生了大量的苦难，我已经谈到了它的许多方面，但如果否认资本主义制度也有某种特有的**喜悦**，那就是不诚实的。首先，资本主义具有一种生产力量加速增长的喜悦。互联网和自由软件甚至将工人阶级的个体武装起来，尽管资源和自由时间有限，但他们具有某些能力，而这些能力在以前的任何社会中都是无法想象的。这些能力能够产生一种**欣喜若狂**的感觉。此外，在对深不可测的技术发展的感知中，存在着一种**技术崇高**的可能性，这让人充满了惊奇和恐惧，因为人们看到了由人类产生的极端力量，但似乎也比人类强大到无法估量的程度。

在资本主义施加破坏性力量的某些情况下，也可以找到一种喜悦，即**否定**的喜悦。资本主义包含了革命化的倾向，它对任何的社会永恒性提出了质疑，而且可以产生某种自由的感觉，无论这种感觉多么畸形——从传统和过时的社会形式中获得自由，这些社会形式在其顽固的稳定性中似乎具有压迫性，并被资本主义发展迅速甩在身后。破坏可以产生"白茫茫一片大地真干净"的感觉，新的地平线正在出现。

某些支持资本主义的理论家，特别是右翼加速主义的理论家，为资本主义的这些方面鼓与呼，以证明它的合理性，并将它描绘得具有吸引力。资本主义的欣喜若狂，它的技术崇高，它不计后果的破坏性冲动——只关注这些方面会导致对资本主义的片面认识，但正是由于关注这有限的一面，许多人开始发现资本主义的吸引力，尽管在其他方面也是它的受害者。

正当右翼加速主义者为资本主义体系下所**获得**的东西鼓与呼，而传统主义的反动派则通过诉诸**失去**的东西来获得权威。资本主义破坏了长期的社区纽带、社会稳定、共同的牢固的文化形式，以及对存在的意义的确信感。不容置疑的是，这些也是前现代生活中的幸福来源——当反动派强调这些损失时，无疑他们指出了一些真实的东西，但就像右翼加速主义者一样，他们提出的对资本主义的看法是片面的。在这种片面性中，反动派产生了回到以前的"伊甸园"的叙述——在这点上，他们把自己说成是前现代的代表，但其反动政治形式是由现代性本身孕育的，而且完全是现代性所特有的。

资本主义制度是极其矛盾和多面的系统。大多数意识形态，无论是支持还是反对资本主义，都只强调资本主义的某个方面，而淡化所有其他方面。那么，正确认识资本主义并避免被误导其真实性质的唯一方法，就是从全方位的辩证角度来看待它：资本主义既是进步，也是倒退。只有这样，我们才能理解为什么回到前资本主义既不可能也不可取，但资本主义的无限延续也是如此。我们必须释放和发展资本主义所产生的积极潜力，同时重新构建它所破坏的社会必要性。

7

在《德意志意识形态》的一个关键段落中，马克思和恩格斯写道，劳动分工"只是从物质劳动和精神劳动分离的时候起才真正成为分工."[18]，并补充说，这与意识形态的第一种形式——祭司——相吻合。

值得注意的是，尼采在《道德的谱系》中所说的"奴隶起义"并不是由奴隶本身领导的，而是由一个单独的祭司阶层领导的，尼采认为他们属于主人阶层，但却具有奴性的特征。奴隶起义涉及一种新的世界观的发明，即一个基础性的绝对框架，根据这个框架，现有对强者和弱者的评价被颠覆了（强者成为有罪的，弱者成为有德的），现存世界被贬低，一个超越物质和感官的世界得到支持。阅读《道德的谱系》时，很容易认为这个框架是奴隶们发明的，但正如杰伊·华莱士（R. Jay Wallace）所指出的[19]，这种解读导致了麻烦的矛盾。

一方面，奴隶起义产生的新框架被描述为一种**有意识**的报复行为，即对强者、有力者和被肯定者的报复（尼采甚至将其描述为"具有远见、秘密隐蔽、缓慢进行、提前谋划"[20]）。同时，它被描述为奴隶们真正相信、采纳和内化的东西——事实上，它最吸引人的特点之一就是帮助奴隶们理解自己的痛苦。但这个新框架不可能将两者兼而得之：如果框架的发明是奴隶们有意识的报复行为，他们怎么可能真正相信它并将其内化为自身？他们怎么可能设计出一个精心策划的复仇工具，并同时将其作为自己的神圣信仰？

正如马克思和恩格斯所指出的那样，冲突是通过劳动分工来解决的。发明框架的不是奴隶，而是免于实践、完全致力于脑力劳动的祭司们。奴隶们由于日常劳作，既没有时间也没有资源进行这样的发明。相反，当祭司的框架必须变得有效并被赋予力量和物质意义时，奴隶们就会介入，因为这个框架在他们中间被宣扬和传播（正如马克思所指出的，当理论抓住群众时，它就成为一种物质力量）。换句话说，是祭司们发明、计算、制定复仇，而奴隶们被灌输相信它的存在并将其内化。

尼采将祭司描述为具有奴隶特征，尽管他们的阶级地位使得他们免于**真正的实践**——"远离行动"[21]，这与尼采描述为骑士和战士的大师形成鲜明对比。他们免于"肮脏的工作"，能够遵循群众和其他统治种姓都无法实现的清洁理想，包括定期清洗、避免某些食物、远离血液的恐惧——这就是"纯洁"作为一种道德价值。鉴于祭司的被动性格，他们倾向于禁食和禁欲等措施。由此神职人员形成的弱点使他们对统治阶级的强势层产生了怨恨，但他们并不能因为这种弱点而直接进行报复——因此，未实现的怨恨积累产生了一种报复的**新形式**——一种高瞻远瞩的报复，有计划的、**精神上的**报复——慢得多，不确定得多，但它的影响更加普遍和阴险。在我的母语立陶宛语中，"蠕虫"这个词有时也被用来指代良心的啃咬，这是一种恰当的形象化：

祭司式的报复不是通过从外部攻击，而是通过将自己内化于目标中来进行的。就像一条虫子钻进他们的灵魂，直到它最终到达良心深处并从内部进行报复并寄生在肉体上。然后，祭司们通过将这个框架在群众中宣扬和传播来使这个框架变得有效，群众接受它是因为它对天堂的承诺和对敌人的惩罚，以及它在理解生活和苦难方面的力量。奴隶起义完成了。

这种解读在《道德的谱系》的第三篇文章中得到了证实，尼采在这篇文章中说，"祭司是怨恨方向的改变者"[22]，在《敌基督者：对基督教的诅咒》中，尼采说，对于"祭司，颓废只是一种**手段**"[23]。为了弥补自己的弱点，祭司们通过以思想家的身份来指挥、管理和控制大量的奴隶，获得了巨大的权力。神父们是奴隶起义、禁欲主义和生命禁锢的战术家和战略家。

回到《德意志意识形态》，马克思和恩格斯继续说，自体力劳动和脑力劳动分工的那一刻起，"从这时候起意识才能现实地想象：它是和现存实践的意识不同的某种东西，它不用想象某种现实的东西就能现实地想象某种东西。从这时候起，意识才能摆脱世界而去构造'纯粹的'理论、神学、哲学、道德等等。"[24]这段话不仅与《道德的谱系》中的完全一致，而且有助于我们理解它。由于分工的原因，祭司们的思维在可能的范围内与直接实践分离，现在可以呈现出独立于物质世界本身，甚至超越物质世界的样子——由此产生了他们的生命化特征，他们诋毁实践世界的冲动，贬低感官，并将其进行普遍化。尼采说"祭司们全部的形而上学"是"仇视感官"[25]的。正是由于脑力劳动和体力劳动的划分，西方哲学才倾向于将身体和灵魂做如此严格的划分，因此对身体的诋毁同时也是对体力劳动者的诋毁；这才使声称历史是由理念推动的说法显得有道理。通过劳动分工，祭司在现实生活中的被动和无能被转化了，从残缺的弱点转化为巨大的力量，以至于它声称要超越感性的、物质的世界，以支持比它更高、更有价值的东西。

但是，马克思和恩格斯不仅帮助我们理解了祭司的特征，而且还产生了基本的见解，一种尼采本人没有认识到的，或者至少没有明确指出的见解。也就是说，奴隶制的反抗、虚无主义、生命的剥夺，与劳动分工的建立是不可分割的。认识到这一点是理解尼采式社会主义的主要先决条件之一。

注释:

1. 马克思、恩格斯：《马克思恩格斯文集》第八卷，北京：人民出版社 2009 年版，第 35—36 页。

2. ［德］弗里德里希·尼采：《论道德的谱系·善恶之彼岸》，谢地坤、宋祖良、程志民译，桂林：漓江出版社 2000 年版，第 181 页。

3. 马克思、恩格斯：《马克思恩格斯文集》第一卷，北京：人民出版社 2009 年版，第 194 页。

4. 马克思、恩格斯：《马克思恩格斯文集》第八卷，北京：人民出版社 2009 年版，第 69 页。

5. 马克思、恩格斯：《马克思恩格斯文集》第五卷，北京：人民出版社 2009 年版，第 306 页。

6. ［德］弗里德里希·尼采：《偶像的黄昏》，卫茂平译，上海：华东师范大学出版社 2007 年版，第 177—178 页。

7. Leon Trotsky, *Literature and Revolution*, Rose Strunsky（trans.），London：Red Words，1924，Chapter 8.

8. ［德］弗里德里希·尼采：《查拉图斯特拉如是说》，钱春绮译，北京：生活·读书·新知三联书店 2007 年版，第 158—159 页。

9. ［德］弗里德里希·尼采：《看哪这人：尼采自述》，张念东、凌素心译，北京：中央编译出版社 2000 年版，第 77 页。

10. 马克思、恩格斯：《马克思恩格斯文集》第五卷，北京：人民出版社 2009 年版，第 417 页。

11. 马克思、恩格斯：《马克思恩格斯文集》第九卷，北京：人民出版社 2009 年版，第 309 页。

12. ［德］弗里德里希·尼采：《论道德的谱系·善恶之彼岸》，谢地坤、宋祖良、程志民译，桂林：漓江出版社 2000 年版，第 231 页。

13. Julian Young, *Friedrich Nietzsche：A Philosophical Biography*. Cambridge：Cambridge University Press，2010，p. 262.

14. 《马克思恩格斯全集》中文第二版第 32 卷，北京，人民出版社 1998 年版，第 109 页。

15. 马克思、恩格斯：《马克思恩格斯文集》第五卷，北京：人民出版社 2009 年版，第 561 页。

16. 马克思、恩格斯：《马克思恩格斯全集》中文第一版第三卷，北京：人民出版社 1960 年版，第 460 页。

17. 马克思、恩格斯:《马克思恩格斯全集》中文第一版第 25 卷,北京:人民出版社 1974 年版,第 927 页。

18. 马克思、恩格斯:《马克思恩格斯文集》第一卷,北京:人民出版社 2009 年版,第 534 页。

19. R. J, Ressentiment Wallace, "Value and Self-Vindication: Making Sense of Nietzsche's Slave Revolt" in *Nietzsche and Morality*, Oxford: Oxford University Press, 2007.

20. [德] 弗里德里希·尼采:《道德的谱系》,梁锡江译,上海:华东师范大学出版社 2015 年版,第 77 页。

21. [德] 弗里德里希·尼采:《道德的谱系》,梁锡江译,上海:华东师范大学出版社 2015 年版,第 73 页。

22. [德] 弗里德里希·尼采:《道德的谱系》,梁锡江译,上海:华东师范大学出版社 2015 年版,第 194 页。

23. [德] 弗里德里希·尼采:《敌基督者:对基督教的诅咒》,余明锋译,北京:商务印书馆 2016 年版,第 29 页。

24. 马克思、恩格斯:《马克思恩格斯文集》第一卷,北京:人民出版社 2009 年版,第 534 页。

25. [德] 弗里德里希·尼采:《道德的谱系》,梁锡江译,上海:华东师范大学出版社 2015 年版,第 73 页。

（二）审美

1

在对哲学感兴趣之前，最令尼采感兴趣的是音乐和诗歌。教堂音乐是他童年时期最强烈的体验，最早的一些创作是神圣的合唱作品[1]。同样，马克思在成为黑格尔哲学家或者社会主义革命家之前，也试图成为一名浪漫主义诗人。即使在开始学习法律以后，他仍然热衷于诗歌创作，在柏林学习期间，马克思将三本专门的诗集寄给了他一生的爱人燕妮，据马克思的姐姐回忆，燕妮在收到诗集时"掉下了悲喜交加的眼泪"。[2]

两位思想家有共同的美学背景并非偶然，他们的艺术努力也仅仅是与他们在哲学方面的"真正"使命无关的错误或者说错误的开始。审美感受力让尼采和马克思以宏大的、扣人心弦的方式写作，这当然很重要，但这并不是其唯一的意义。几乎可以说，从本质上讲马克思和尼采在审美中寻求人生的目的，把它作为人生最神圣、最有价值的组成部分来追求，但在实现这一追求的过程中，他们发现自己每走一步都受到阻碍，并发现审美本身不断被破坏、诋毁和贬低。甚至可以说，并不是审美创造在他们的职业生涯中构成了错误的开始，相反，**理论**是他们在审美理想受阻时走的弯路。

他们两人都在相同的事物中发现了这种障碍。勤劳和财富只能寻求自身的扩张，生命被贬低为仅仅服从于无休止的生产力的手段；宗教被用来谴责尘世生活及其感官享受，教导人类对自己和自己的身体感到羞耻；最后，资产阶级社会固有的狭隘和非人性的社会限制，在很大程度上使审美意识成为绝大多数人生活中的外在因素，而在少数人中，它又沦为另一种苦差事或装腔作势。也许审美及其阻碍是马克思和尼采对现代性的批判以及他们改造现代性的强烈愿望的出发点。

对审美所满足的需求是描述什么是人类独特性的主要选项之一，但人类在很大程度上主动而无意地破坏了这种需求；因此，审美可以被合理地引为马克思和尼采的特殊形式的"人文主义"发展的原因。不是一种基于对人性预先的、僵化的定义本质人文主义，而是一种特点是有意识的自我改造和自我塑造的无尽能力的社会型人类。

在这个意义上，把马克思和尼采的成熟哲学和社会愿望称为"弯路"的唯一问题是导致产生这样的印象：这些发展不是"必要的"。作为对抗那些贬低生命之美的武器，它们是绝对必要的，但这些武器一旦胜利，就会自我毁灭。一旦获得了食物、住所和温暖，消灭了敌人，人们就会把目光投向美学。当生命开始和结束时，人们首先和最后关注的是美学。即使在尼采崩溃之后，失去说话的能力时，弹钢琴是他最后能做的事情之一。

1940 年 2 月 27 日，也就是他即将去世的那一年，托洛茨基在写他的遗嘱时，笼统地表达了尼采的永恒的回归，即"一个人的生活必须完全按照原来的样子重新生活"[3]。对于一个以他积极参与领导的革命的名义被驱逐、回避和追捕的人来说，这是一种非凡的生命肯定的表达，他在流亡中生活了 20 年，夹在资本家、法西斯和斯大林的致命罅隙里，而且在写作时健康状况不断变坏。很难想象，如果没有审美意识，这种生命的肯定怎么可能实现。事实上，托洛茨基的信不是以对马克思主义或革命的评论结束，而是以对生活之**美**的赞美结束。他描述了他的妻子打开窗户，看到阳光和晴朗的蓝天下，外面露出一片翠绿的草地，审美意识的巨大力量甚至让他在这一片草地呈现的简单景象中发现了肯定生命的原因："生命是美丽的。让子孙后代清除一切邪恶、压迫和暴力，并充分享受它。"[4]

2

鉴于生活是通过感官来体验的，而感官在艺术中得到了最重要的表达和发挥空间，从哲学家对艺术的看法可以推断出很多东西。毕竟，"美学/审美"一词来自希腊语 ασθητικός（**aisthetikos**），意思是，除去其他的事情以外的"敏感"，"与感官知觉有关"，这使该词与一般的感官体验有着本质的联系。因此，审美不仅可以指艺术问题，还可以指感觉经验的本质。本节涉及这两个方面：审美的生活和生活的审美。

柏拉图贬低感官，认为它们具有误导性并产生虚幻的结果，因此他将视觉艺术贬低为仅仅是对模仿的模仿。康德认为感官数据（即内容）需要服从，受理性范畴（即形式）的约束才能有效，因此他的审美关注适当的形式。尼采提升了感官经验，反对之前被用来破坏它的一切，因此他也提升了审美。对他来说，审美不仅成为生活的核心，甚至成为生活的必需品："艺术即是追求虚幻的良好意愿。"[5] 这表明，在很多情况下，考虑到一个人对美学的看法，以及他们对美学的肯定或否定程度，就可以推断出他们对生活的**肯定或否定程度**。

无论如何，如果一个人诋毁审美，并延伸到整个感官系统，那么他就必须明确地拒绝生命（例如叔本华），或者以剥夺生命的方式来赎回它，例如通过提及一些其他世界的、感官以外的领域（例如柏拉图）。我们尼采主义者已经放弃了所有的其他世界，即查拉图斯特拉所说的所有"腹地世界"，我们在其中找不到任何慰藉。所有抽象的、普遍化的道德也都被我们拒绝了，所以我们也不能在道德的基础上为生命辩护。我们也不能以某种大写的"真理"的名义来做这件事。对我们来说，只有审美的救赎对我们开放。我们需要这样一个领域，这个领域不拒绝也不寻求超越或落后于感官，而是繁荣和陶醉于感官，并改造、升华，甚至神化它们，因为"世界的存在只有作为审美现象才是合理的"。[6]

然而，这不应该导致人们认为所有情况都同样有利于审美的肯定。法西斯主义经常设法把自己美化为审美个体的政治立场，通过对政治、国家甚至战争的审美化，它试图在所有无力解决的物质问题上罩上装饰性的外衣——因此虚假的审美理想被用来实现政治镇定效果。

> 我们所受到的最大的不公正恐怕就是人们认为我们只是为艺术而战，似乎艺术是一剂灵丹妙药或是麻醉剂，可以借此摆脱世间的其他烦忧似的。
>
> ——尼采《理查德·瓦格纳在拜罗伊特》[7]

为了避免这个错误，人们必须认识到，审美感觉本身并不是什么超自然的东西，而是在物质基础上发展起来的、并由具体的社会关系来维持、加强或破坏。"只有音乐才激起人的音乐感，对于没有音乐感的耳朵来说，最美的音乐也**毫无**意义，"马克思写道，"就是说，它只能像我的本质力量作为一种主体能力自为地存在着那样才对我而存在，因为任何一个对象对**我的**意义……恰好都以我的感觉所及的程度为限。因此，社会的人的感觉**不同于非社会的人的感觉**。"换句话说，审美地肯定生活只有在基本审美能力的基础上才有可能，而这些审美能力决不是有保障的，而是必须在社会中得到发展：

> 只是由于人的本质客观地展开的丰富性，主体的、人的感性的丰富性，如有音乐感的耳朵、能感受形式美的眼睛，总之，那些能成为人的享受的感觉，即确证自己是人的本质力量的感觉，才一部分发展起来，一部分产生出来。……人的感觉、感觉的人性，都是由于它的对象的存在，由于人化的自然界，才产生出来的。五官感觉的形成是迄今为止全部世界历史的产物。
>
> ——马克思《1844 年经济学哲学手稿》[8]

马克思的政治有审美的维度，这一事实在这里表现得非常清楚。戴维·麦克莱伦等人认为，马克思受到了德国浪漫主义者弗里德里希·席勒[9]的影响，席勒认为人类对神性的倾向只能通过审美来实现。当自然界被人类改造以表达人类的整体性时，它实现了自然与精神、内容与形式、特殊与普遍之间的调和，而这种神圣的调和被人类从审美的角度加以理解。

马克思和尼采不仅都强调了审美感受力对于肯定生命的重要性，而且他们都明白资本主义破坏了这种感受力：

商人并不生产，却善于为一切事物定价，并且是**根据消费者的需要**，而不是根据他自己个人的需要来定价："什么人和多少人会来消费这种东西？"这永远是他的头号问题。这种定价方式已经变成了他的第二本能；对于出现在他面前的一切事物，他都不断通过这种方式加以衡量，无论它们是艺术和科学的产品，还是思想家、学者、艺术家、政治家、民族、党派乃至一个时代的成就。一切创造出来的事物，在他那里都只具有供应和需求的关系，他探讨这种关系，**以便使自己能够决定它们的价值**。

——尼采《朝霞》[10]

经营矿物的商人只看到矿物的商业价值，而看不到矿物的美和独特性，他没有矿物学的感觉。因此，一方面为了使人的感觉成为人的，另一方面为了创造同人的本质和自然界的本质的全部丰富性相适应的**人的感觉**，无论从理论方面还是从实践方面来说，**人的本质**的对象化都是必要的。

——马克思《1844年经济学哲学手稿》[11]

这些段落尽管侧重点不同，但它们的关注点非常相似——它们关注的是资本主义社会关系如何影响人类的感觉、感性、审美意识。彼得·德梅茨①（Peter Demetz）曾

---

① 意大利艺术家、雕塑家。

批评马克思的唯物主义剥夺了艺术家的自由，使他们沦为经济进程的仆人，但这样做的不是马克思，而是资本主义！而马克思正是为了反对这种状况才努力去揭示它。在资本主义下，所有"陷入粗糙的实际需要"的感官都只有"**有限的感觉**"。不仅仅是商人的感官因此受到限制。马克思还说，绝望的、贫穷的工人以非人类的方式接近食物，以非反思的方式来满足饥饿，他们体验的不是"食物的人类形式存在，而只是它作为食物的抽象存在"。资本主义是人类对粗暴的实际需求的无限服从，因此资本主义从根本上反对审美感官的提升，如果审美感官对生命的肯定至关重要，那么，资本主义就与**生命本身**对立。

3

生命的美学证明并不能还原为艺术作品的字面意义——如果是这样的话，那将是一种非常有限的救赎。不仅仅是艺术作品应该肯定生命，而是生命本身应该以艺术作品的形式得到肯定。尼采写道："凡此种种，我们都应向艺术家学习；岂止学习，我们应比他们更聪明才是，因为他们美好的力量一般是随着艺术的终止而终止，我们呢，我们要成为生活的创造者，尤其是创造最细微、最日常的生活。"[12] 从审美的角度来看，我们生活中美好的东西可以被突出并放射出来，甚至我们生活中的缺陷和不完美也可以被安排在整个"艺术作品"的背景中，以便最大程度地得到肯定。

美学只有扩大到覆盖整个世界才能得到充分肯定，在同一过程中，它实际上被废除，因为它不再作为一个独特的、有限的领域存在。如果美学对于生命的肯定是必不可少的，那么无限的肯定生命蕴含无限的审美。一个人指的是同一件事，无论是取消艺术作为一个独特的领域，还是艺术与生活的统一。

在一些作品中，尼采将他对艺术的更高理想与节日等同起来："我们以前那些较高级的艺术——节日庆典艺术，会对我们的艺术产生什么影响呢？从前，所有的艺术作品都树立在人类节庆的长廊里，作为纪念崇高而欢乐时刻的丰碑；如今，人们企图用艺术作品把可怜的精疲力竭者及病弱者从人类的痛苦长街上引开，哪怕引开渴望中的片刻也好，给这些人提供些许的陶醉和疯狂。"[13]毕竟，这个节日是酒神式的①（Dionysian）：它在于集体地、欣喜若狂地破坏界限。在艺术节中，艺术拒绝被包含在博物馆和画框中，拒绝沦为无趣观察的被动对象。在酒神状态中，"整个情绪系统的激动和增强"，其基本要素是"形变的轻巧"，在这种状态下，个体"不断变化自己"[14]。因此，酒神艺术是革命性的——它拒绝限制表达自己的情感，并释放持续的转变。这就是为什么艺术的张力在20世纪的许多革命时刻得以最为有力地表现出来。

---

① 狄奥尼索斯（Dionysus）是古希腊神话中的酒神，也是奥林匹斯十二主神之一。他是欢乐与狂喜的象征。

尼采派的布尔什维克卢纳察尔斯基在第一届苏联艺术部门会议上宣称，"无产阶级必须最终消除生活与艺术之间的巨大差异，这种差异关系到过去的统治阶级。"[15]同为尼采派的沃尔斯基在社会主义中看到了一个创造力渗透到"生活的散文和诗歌"[16]的世界。托洛茨基在《文学与革命》中的描述，甚至使用了**"超人"**（Übermensch）对应的俄语单词，他认为未来的人类在美学上"更加和谐……更加有节奏……更加有音乐性"——我们的社会进程被艺术赋予"美丽的形式"，"当代艺术的所有重要元素发展到最高点。"[17]以其标志性的建筑主义作品闻名的苏联艺术家亚历山大·罗德琴科①（Alexander Rodchenko）宣布，是时候"让艺术成为生活的有机组成部分了"，他列出了以下口号：

　　未来不会为牧师或先知和艺术小丑建造修道院。

　　在穷人的黑暗、肮脏的生活中，把艺术当作华丽的宝石！

　　打倒艺术作为逃避无意义生活的手段！

　　我们这个时代的艺术是有意识的、有组织的生活，能够看到和创造。

　　我们这个时代的艺术家是能够组织他的生活、他的工作和他自己的人。

---

　　① 亚历山大·罗德琴科（Alexander Rodchenko，1891—1956年），俄罗斯艺术家，从事绘画、印刷、舞美设计和雕塑工作。他原是出名的构成主义画家，后转向设计和绘制宣传招贴画，是艺术实验摄影著名的代表人物。

一个人必须为生活工作，而不是为宫殿、教堂、墓地和博物馆工作。[18]

在 1968 年 5 月的法国"五月风暴"中，同样的动力在法国也得到了显著的体现，其标志性的口号和海报经常被人们铭记。巴黎美院（École des Beaux Arts）是颇具影响力的艺术院校，它被学生和教师占据，并变成了一个自主的艺术工作室，在这里，革命性的艺术将被集体设计、印刷，然后在巴黎的街道上进行录音。海报上这样写道："美在街头（La beauté est dans la rue）"①。当警察突袭学校并强行驱逐占领者时，一张海报在提到这一点时，描绘了一个警察咬着牙刷的样子，口号是："警察在美院出现，美院在街上布展。"[19]意思很明确：你可以将我们驱逐出艺术的边界，我们将使艺术无界。

注释：

1. Julian Young, *Friedrich Nietzsche*: *A Philosophical Biography*. Cambridge: Cambridge University Press, 2010, Chapter 2, Music.

2. ［英］戴维·麦克莱伦：《卡尔·马克思传》第三版，王珍译，北京：中国人民大学出版社 2005 年版，第 15 页。

---

① 1968 年 5 月至 6 月，法国爆发了一场大规模学生罢课、工人罢工的群众运动，除了政治上对于戴高乐的右派政府抗争之外，也同时刺激了性别运动与时尚设计的发展，这张鼓励人们走上街头的"La Beauté est dans larue"宣传海报，发挥了深远的影响。

3. LeonTrotsky，"The Testaments of Trotsky"，Einde O'Callaghan（trans.），Fourth International，Autumn 1959.

4. 同上。

5. ［德］弗里德里希·尼采：《快乐的科学》，黄明嘉译，桂林：漓江出版社 2000 年版，第 132 页。

6. ［德］弗里德里希·尼采：《悲剧的诞生》，赵登荣等译，桂林：漓江出版社 2007 年版，第 8 页。

7. ［德］弗里德里希·尼采：《悲剧的诞生》，赵登荣等译，桂林：漓江出版社 2007 年版，第 121 页。

8. 马克思、恩格斯：《马克思恩格斯文集》第一卷，北京：人民出版社 2009 年版，第 192 页。

9. Leonard P. Wessel，"The Aesthetics of Living Form in Schiller and Marx,"*The Journal of Aesthetics and Art Criticism*，Vol. 37，No. 2，p. 189 - 201.

10. ［德］弗里德里希·尼采：《朝霞》，田立年译，上海：华东师范大学出版社 2007 年版，第 219 页。

11. 马克思、恩格斯：《马克思恩格斯文集》第一卷，北京：人民出版社 2009 年版，第 191 页。

12. ［德］弗里德里希·尼采：《快乐的科学》，黄明嘉译，桂林：漓江出版社 2000 年版，第 230 页。

13. ［德］弗里德里希·尼采：《快乐的科学》，黄明嘉译，桂林：漓江出版社 2000 年版，第 116 页。

14. ［德］弗里德里希·尼采：《快乐的科学》，黄明嘉译，桂林：漓江出版社 2000 年版，第 125 页。

15. Margaret A. Rose，*Marx's lost aesthetic：Karl Marx & the visual arts*，Cambridge：Cambridge University Press，1984，p. 121.

16. Stanislav Volski, "Filosofiya borby: opyt postroyeniya etiki mark-sizma", cited in George L. Kline, "Nietzschean Marxism" in Russia, in Frederick J. Adelmann (ed.) *Demythologizing Marxism: A Series of Studies on Marxism*, Boston: Springer, 1969, p. 173.

17. Leon Trotsky, *Literature and Revolution*, Rose Strunsky (trans.), London: RedWords, 1991, Ch. 8.

18. Margaret A. Rose, *Marx's lost aesthetic: Karl Marx & the visual arts*, Cambridge: Cambridge University Press, 1984, p. 130.

19. Agnès Poirier, "May'68: What Legacy?", *The Paris Review*, May 1st, 2018.

（三）生成

　　为什么尼采将存在与奴隶道德联系起来？因为奴性的人是软弱无能的，他们无法面对日常经验组成的真实世界——一个不断变化和永恒的世界。他们发现这种不可预测性和变化令人恐惧，所以他们幻化出另一个境界——存在的境界，与生成的日常世界相对立。不管这是柏拉图的形式的天堂，还是上帝的王国，甚至是科学规律的领域，它都试图减少和破坏作为我们世界特征的无尽的变化，并否认这个世界，以支持一个为人们提供稳定存在的和平和安全的领域。我们可以用资产阶级为例，他们害怕革命的变化，担心失去他们在社会中的地位，宣扬永恒的、自然的、不可剥夺的权利的领域，在所有现实生活中的政治和经济变化中，他们保证私有财产的权利是上帝赋予的。一个酒神式的无产阶级会很好地提醒他们"生成"。今天，只有革命阶级才能体验到马克思和尼采所珍视的东西——不是存在的自由，而是**生成**的自由。自由不是成为已然的事

物的自由，不是成为某种预先定义的本质的自由——那是
自由的反面，因为它迫使你去适应一个征服性的、预先确
定的模子——不管它是从柏拉图的天堂送下来的，还是从
某个希望你更可预测的地方送下来的。当你被迫成为某些
民族、文化、社会标签的代表时，某种身份、存在感被强
加给你——所有确认这种身份的都是好的，所有否认这种
身份的都是坏的。"不要越轨，以免你暴露了你存在的永恒
的任意性！"人们被这样告知。尼采说，社会只把它的主体
看作是工具，是仪器，而好的仪器的标志是它缺乏变化、
具有可预测性，它对单一功能的贡献。但真正的自由是生
成的自由，是超越自己的自由，是释放自己甚至没有意识
到的力量的自由——是对生命的肯定！它包括"被理解和
被认识到的生成运动"[1]，正如马克思所说。生命本身对
查拉图斯特拉说："瞧，自己必须不断超越自己者，就
是我。"[2]

　　与常见的误解相反，共产主义并不是一个旨在使"生
成"服从"存在"的例子。马克思宣称，"共产主义对我们
来说不是应当确立的状况，不是现实应当与之相适应的理
想。我们所称为共产主义的是那种消灭现存状况的现实的
运动。"[3] 在这一点上，那些试图在马克思主义和基督教之间
建立基本联系的评论家们，在共产主义的未来目标中确定
的，只不过被搬到了地球上的天堂的旧观念，这是一种
陈词滥调。但共产主义不会像暗示的那样，是一个最终稳
定的存在的到来，它废除了所有的"生成"、冲突、反对、

斗争。列宁写道："必须认识到，通常的资产阶级观念，即把社会主义看成一种僵死的、凝固的、一成不变的东西的这种观念，是非常荒谬的；实际上，从社会主义实现时起，社会生活和个人生活的各个领域就已经出现迅速的、真正的，确实是群众性的，即有大多数居民参加，甚至是全体居民参加的前进运动。"[4] 这就是为什么严格来说，谈论共产主义的"建立"是错误的，好像它是一个稳定的、固定的实体，我们可以把它强加给世界——共产主义首先需要一个过程，它**不**是实现某种预先确定的未来，而是在其自身展开的过程中**创造**未来。共产主义将涉及废除所有目前扼杀我们改造和创造能力的单一存在——国家、民族、政府——相反，它构成社会生活中"生成"的最终**释放**。

注释:

1. 马克思、恩格斯:《马克思恩格斯文集》第一卷，北京：人民出版社 2009 年版，第 186 页。

2. [德] 弗里德里希·尼采:《查拉图斯特拉如是说》，钱春绮译，北京：生活·读书·新知三联书店 2007 年版，第 129 页。

3. 马克思、恩格斯:《马克思恩格斯文集》第一卷，北京：人民出版社 2009 年版，第 539 页。

4. 列宁:《国家与革命》，北京：人民出版社 2020 年版，第 102 页。

（四） 生产活动中的喜悦

　　画家作画这个活动并不完全是工具性的，好像只有最终的结果才是有价值的，而作画的行为只是一种手段，如果可能的话，可以绕开这个手段。相反，行为本身，就像完成的画作一样，其本身就是有价值的。这幅画在其**生成的过程**中得到了最大程度的享受。正是在生成的过程中，马克思希望实践活动越来越具有特征。在资本主义制度下，所有雇佣劳动都具有工具性；不仅生产过程本身没有被体验到具有价值，甚至成品本身也仅被视为一种手段—— 一种获得薪水或增加资本的手段。

　　因为我们已经在资本主义下社会化了，所以我们甚至很难**认为**大多数生产活动可能只是一种手段。然而，即使在资本主义制度下，只要我们有足够的空闲时间，我们就可以找到大量生产活动的例子——这些活动是为了满足需求而进行的，但其本身就是有价值的。从事园艺的人，不仅放松，而且丰富了自己对植物的实践知识，并且在审美上也很愉悦；为朋友和家人烹饪食物，从而尝试新食谱的人，不仅通过发达的味觉，还通过与他人一起吃饭的社交找到快乐；为自己的孩子搭秋千或为宠物盖个窝的人；当人们可以看到它们使亲人、邻居甚至有需要的陌生人受益时，即使进行看似艰苦的活动也会从中得到享受并最终得以完成。所有这些活动在工具意义上肯定是有价值的，但它们本身也受到重视和享受，因为它们满足了马克思曾经在他的笔记中列出的四个特征，即社会主义下生产活动的特征。

在这样的活动中，1. 个人看到自己的个性体现在产生的结果中，看到自己的个性客观地实现，比如裁缝看到自己的个性在设计的衣服上体现出来；2. 看到成品使他人受益，看到他人使用并享受它，个人在满足人类需求中找到满足感；3. 在看到他人享受自己的创造时，个人同时感受到自己的价值和被他人肯定的自我价值；他们作为创造者的价值被享受创造的人们所证实，"在他们的思想和他们的爱中得到证实"；4. 最后，在看到我的个性反映在人们享受我的产品时，我看到他们的个性同样反映在我的身上，我们的产品变得"像许多面镜子，每一面都反映了我们的本质。"①

马克思在这篇作品中表达的观点与我们在尼采身上发现的有相同之处：我在与他人的关系中肯定自己。查拉图斯特拉对太阳说："你伟大的天体啊！如果没有你所照耀的人们，你有何幸福可言哩？"《查拉图斯特拉如是说》中的太阳象征着强大的力量，它赋予他人并反映在他们身上，从而得到肯定。"祝福这个快要漫出来的杯子吧，让杯里的水变得金光灿烂地流出，把反映你的喜悦的光送往各处！"[1]

从上面提到的注释中可以清楚地看出，马克思并没有将社会主义下的生产活动设想为以更高的工资为特征，或者为了"公共利益"而放弃自己，或者以上帝禁止、屈从于国家为特征。他认为它首先是一种肯定和赋予个人力量

---

① 马克思的部分值得全文引用："假定我们作为人进行生产。在这种情况下，我们每个人在自己的生产过程中就双重地肯定了自己和另一个人：(1) 我在我的生产中物化了我的个性和我的个性的特点，因此我既在活动时享受了个人的生命表现，又在对产品的直观中由于认识到我的个性是物质的、可以直观地感知的因而是毫无疑问的权力而感受到个人的乐趣。(2) 在你享受或使用我的产品时，我直接享受到的是：既意识到我的劳动满足了人的需要，从而物化了人的本质，又创造了与另一个人的本质的需要相符合的物品。(3) 对你来说，我是你与类之间的中介人，你自己意识到和感觉到我是你的本质的补充，是你自己不可分割的一部分，从而我认识到我自己被你的思想和你的爱所证实。(4) 在我个人的生命表现中，我直接创造了你的生命表现，因而在我个人的活动中，我直接证实和实现了我的真正的本质，即我的人的本质，我的社会的本质。我们的生产同样是反映我们本质的镜子。情况就是这样：你那方面所发生的事情同样也是我这方面所发生的事情。我的劳动是自由的生命表现，因此是生活的乐趣。我在劳动中肯定了自己的个人生命，从而也就肯定了我的个性的特点。劳动是我真正的、活动的财产。"——作者注（译文摘自马克思、恩格斯：《马克思恩格斯全集》中文第一版第 42 卷，北京：人民出版社 1979 年版，第 37—38 页。）

的东西，是一种爱与喜悦的爆发，"以人类的方式"产生。任何认为这一点不重要的"社会主义"都只是虚无主义的社会主义。

存在着这样一个世界：其中大多数生产活动具备前文中马克思所提到的特征。我们大多数人所经历的异化并不是生活中的事实，而是历史的条件。在资本主义下，我们的工作场所没有提供决策、有意识的计划或个人发展的途径，甚至社会成就也受到阻碍，因为我们活动的最终目的似乎是获得金钱而不是满足人类的需要。资本主义社会化敦促我们否认生命，认为彻底享受生活是不可能的；让我们抵制这种做法。资本和雇佣劳动才是障碍。

注释：

1. [德] 弗里德里希·尼采：《查拉图斯特拉如是说》，钱春绮译，北京：生活·读书·新知三联书店 2007 年版，第 3—4 页。

（五）富足

到目前为止，这个世界一直是个在各种意义上匮乏、稀缺、贫穷的世界。人类对这种匮乏的反应是否定自己、拒绝想要更多，为了积累而推迟生活的乐趣。资源和意志力的匮乏导致了自我否定和奴隶道德，导致了对需求和权力的拒绝；匮乏就是软弱。在匮乏面前，人不能逞强，必须计算成本和收益。因此尼采写道："奴隶的道德本质上都是实用的道德。"[1] 对尼采来说，所有的美德就像马克思说的所有的生产关系，到现在为止都只是处理稀缺性的手段。财富和权力意志不断被搁置、投资、储存，而不是被使用和享受。因此，生命本身获得了一种工具性的特征，即本身毫无意义的东西，并且只有通过提及生命以外的东西——即来世——才被赋予意义。

但这种积累同时也为富足创造了条件。人类长期以来一直在积累财富，以至于现在财富丰盈到随时可以迸发出来，而资本家和生命否认者正在竭尽全力阻止这种情况的发生，即使他们不能停止这种积累的过程。当我们释放这种丰富性并控制它时，肯定生命和社会主义就成为可能，"集体财富的一切源泉都充分涌流"[2]。尼采说，到目前为止，所有的美德都是匮乏的美德，他预见到一种新的、丰富的美德——"赠予的道德"，它"在赠予的意志方面，也是贪得无厌的"[3]。这就是为什么他经常使用满溢的语言——"祝福这个快要漫出来的杯子吧"[4]。**超人**并不像尼采的粗暴解释那样冷酷无情，对人类的痛苦毫不关心，对帮助他人毫无兴趣。相反，**超人**的慷慨是出于富足，而不是出于匮乏，出于怜悯、恐惧和怨恨："人们重视那种试图泛滥的丰富的情感和权力感，重视激动人心的欢乐，以及愿意给予和付出的意识——上等人同样帮助不幸的人，但不是，或几乎不是出于怜悯，而是由于极其充沛的精力产生的冲动。"[5]

注释：

1. ［德］弗里德里希·尼采：《论道德的谱系·善恶之彼岸》，谢地坤、宋祖良、程志民译，桂林：漓江出版社 2000 年版，第 281 页。

2. 马克思、恩格斯：《马克思恩格斯文集》第三卷，北京：人民出版社 2009 年版，第 436 页。

3. ［德］弗里德里希·尼采：《查拉图斯特拉如是说》，钱春绮译，北京：生活·读书·新知三联书店 2007 年版，第 81 页。

4. ［德］弗里德里希·尼采：《查拉图斯特拉如是说》，钱春绮译，北京：生活·读书·新知三联书店 2007 年版，第 4 页。

5. ［德］弗里德里希·尼采：《论道德的谱系·善恶之彼岸》，谢地坤、宋祖良、程志民译，桂林：漓江出版社 2000 年版，第280 页。

（六）永恒的轮回

在著作《马克思的幽灵》中，德里达概述了一种"幽灵"政治，包括接受"幽灵"或"鬼魂"——即既不存在也不缺席的事物，这种事物不属于当下但人们总受其困扰。对鬼魂的接受意味着对过去的鬼魂和未来的鬼魂都负有责任：死者和尚未出生的人。这在尼采那里得到了预示：对过去的责任由"**命运之爱**"来代表；对未来的责任由价值的转换来代表。两者在永恒的轮回这个单一概念中结合在一起。

"**命运之爱**"（Amor fati）指的是一种观点，即从现在的角度看过去，认为过去是必要的和好的，不希望有什么不同的开始——当一个人行使**命运之爱**时，过去被追溯性地肯定为实现了其导致现在的"目的"。尼采在他的"自传"《看哪这人：尼采自述》中最清楚地进行了这种练习。我把"自传"放在引号里，是因为这本书多么的非传统——事实上，按照传统的标准，作为一部自传它甚至可以说是**失败**的：它具有高度选择性和倾向性，有的地方夸张，有的地方省略太多，它是有目的的偏袒，几乎不在乎历史的准确性。但所有这些都是由于"**命运之爱**"的立场：在书中，尼采试图重新解释和修正他的生活，追溯性地确定其中的本质和必要性，甚至将错误和过失视为他健康发展的必要条件。凡是无助于对生命的最大肯定的事物都被削去了，剩下的所有都从整体的角度被赋予了目的。这样就恢复了一种目的论的形式，但它不需要任何统一的形而上学基础——目的论不是由来自外部的某种神性赋予的，而是由个人追溯性地创造的。

为什么这项工作与对过去的幽灵的责任相对应？因为通过它，这些幽灵得到了救赎，被赋予了意义和目的，从他们的未来角度来看是合理的。爱是一种肯定，尼采写道，当一个人肯定了一个单一的时刻，就等于肯定了所有的存在，因为"并没有自在的事件""一切发生事件的解释性特征"。[1] 尼采完全从个人的角度来思考爱，并没有禁止它扩展到历史事件。事实上，共产主义革命是一种**命运之爱**的实践，因为它不仅肯定了现在，而且肯定了所有的历史：因为没有什么是自足的，所有的历史都需要产生结果。正如瓦尔特·本雅明所说，每一次成功的革命都会追回过去失败的革命，就像人类个体过去所有的错误都会被追回，因为他们最终找到了自己的方式，获得了巨大的成功。查拉图斯特拉说："我爱那样一种人，他肯定未来的人们，拯救过去的人们：因为他甘愿因现在的人们而灭亡。"[2]

价值观的反估值对应于对未来的幽灵的责任。道德上的奴隶起义是一种价值的转换，它完全颠覆了以前存在的价值，但其结果是剥夺了生命。尼采预见到了一种新的价值转换，相当于道德的**扬弃**，其价值将是肯定生命和产生力量的，并将由超人的崛起来预示。尼采自己也不相信他能活着看到"超人"的到来，但这并不妨碍他向着"**超人**"的高度迈进，因为他知道，生命在他身后还将延续——"我爱那样一种人，他干活、动脑筋，是为了给超人建住房，为了给超人准备大地、动物和植物：因此他情愿自己没落。"³ 关于尼采的"**超人**"理想，评论家们普遍存在分歧：有些人将其解释为总有一天可以达到、实现和享受的明确的目标——超人的到来是一个可识别的事件。另有人则把它解释为永久的、持续的理想——根据这种解释，"**超人**"不是可以实现的理想，而是需要不断努力的目标；它永远不可能达到，人们也不打算达到，但人们还是要不断努力，争取达到完美。它是大棒上的胡萝卜，把人类推向越来越高的高度，而没有明确的最终目的地。人们不必为哪种解释是正确的而站在哪一边，就可以提出当前的观点。无论超人是明确的目标还是遥不可及的理想，都不应该影响我们为之奋斗和努力的热情。我们甚至可以**肯定地**相信，未来的幽灵将得不到任何机会，它们将生活在悲惨的环境中，或者它们的祖先将被吞没在灾难的海洋中，它们根本就不会出现，即使这样也不能免除我们对未来的责任，因为无论有多少个现在的时刻到来并与我们擦肩而过，未来仍然存在，并一直延伸。

最后，这种"幽灵伦理学"，我们可以称之为"永恒的轮回"——存在的每一个事件都会重复发生，永恒地回归——的概念中得到了统一。无论我们把这种重复看作是一种字面上的宇宙学假设（就像尼采在他未发表的笔记本中所做的那样），还是一种存在主义的思想实验（就像在《快乐的科学》中首次提出的那样），我们的生活将一次又一次、无休止地、重复地不断轮回，所有的细节无论是好的还是坏的，都挑战我们的极限，不仅要肯定现在，还要肯定过去和未来，因为我们将重复地重新体验这三者。对过去的肯定是至关重要的，不仅是作为历史的一部分，而且是作为将轮回的东西，而对未来的肯定涉及的东西本身有一天也会成为过去。对永恒复现的思考迫使我们甚至将自己视为我们所负责的幽灵，因为**我们的**个体性本身既存在于过去，也存在于未来，并且会像过去、现在和将来一样回归。永恒的回归是一种理想，因为它将一个人的行为提升到永恒的角度——肯定了永恒的回归的人认为自己在每一步都产生了永恒，因为我们创造的未来最终会导致创造我们的过去。有了永恒的回归，我们的每一步都被赋予了无限的重量，而且是不能通过参考任何预先确定的最终目标来缓解的重量，因为永恒的回归排除了绝对的**终极目标**的可能性。

尼采宣称永恒的重复性是他的中心概念之一，实际上也是他的最高肯定公式，这不是没有道理的。这是悲剧英雄主义的公式，而社会主义者比任何人都更需要它。如果有可能在一个画面中见证解放斗争的全部历史，那么任何一个社会主义者在看到它时能不被感动得流泪吗？忍受它而不被淹没到疯狂的地步？一堆又一堆的尸体，高得足以在国家和首都周围筑起街垒；洒下的墨水和子弹；希望如此强烈地维持到最后，永远不会被要回去；无尽的想象力和创造力，未来的建筑，以及现在一砖一瓦铺就的真实双手；团结，强大到足以跨越国家、性别、种族和年龄，在完全陌生的人之间形成联系。无数人的生命致力于为改进而奋斗，但为时已晚，所做的牺牲也没有成功。更多的人致力于**防止**社会恐怖、奴隶制、监禁和种族灭绝——这些斗争的成果几乎从来没有被斗争者享受过。人们怎么能接受这样的假设：所有这一切，包括痛苦和精神折磨，未实现的希望和失败的革命，从未得到回应的呼救，以及只有在死亡中才能熄灭的恐惧，将在所有的永恒中不断重复？一个人怎么能**真正**接受它而不崩溃呢？"你听了这恶魔的话，是否会瘫倒在地呢？你是否会咬牙切齿，诅咒这个口出狂言的恶魔呢？"[4]

德国共产主义领袖罗莎·卢森堡[①]（Rosa Luxemburg）

[①] 罗莎·卢森堡（Rosa Luxemburg，1871—1919 年），国际共产主义运动史上杰出的马克思主义思想家、理论家、革命家，被列宁誉为"革命之鹰"。1898 年 9 月，任《萨克森工人报》主编，1900 年，与弗兰茨·梅林共同主办《莱比锡人民报》。1918 年 12 月 30 日，创建了德国共产党。1919 年 1 月，组织大规模示威游行，15 日，与李卜克内西一起被资产阶级"自卫民团"逮捕，随即遇害。罗莎·卢森堡在反对资本主义、修正主义和帝国主义世界大战的暴风骤雨中，始终英勇斗争，不畏强暴，展现了高度的革命乐观主义精神。

在面对这种生存的恐怖时体现了勇气和胆量，尽管如此，她还是最大限度地肯定了生命。她的一生体现了这个世界的荒谬性，因为她在社会民主党的命令下领导工人革命而被杀害，而社会民主党声称是代表工人行事的，尽管如此，我们可以说她生活得很快乐，并最大限度地肯定了她的生命。在因反对第一次世界大战而入狱时，她在 1916 年的一封信中写道："做人是最主要的事情，高于一切。这意味着要坚定、清晰、开朗，是的，不管遇到任何事情，都要开朗，因为哭泣是弱者的事。做人意味着快乐地在命运的巨大天平上折腾你的整个生命——如果它必须如此的话，同时为每一天的光明和每一片云彩的美丽而欢欣鼓舞……世界在所有的恐怖中是如此美丽，如果没有弱者和懦夫，那就更美了。"[5]

这是肯定生命所依赖的立场，而对于生活在今天的社会主义者来说，采取这种立场更加困难。今天的革命社会主义者回顾过去，革命运动是一种更强大的力量——不仅数量上更多，而且更自发和更有创造力，更有组织、有效率，更热切和有希望。19 世纪和 20 世纪的革命运动的总和耸立在我们面前，目前存在的虽然从未完全消退，但相比之下就显得微不足道。然而，尽管如此，这些运动还是**失败了**。如果比我们强大得多的运动不仅没能带来社会主义，甚至没能确保他们所赢得的改革能够防止新自由主义的崛起，那么我们今天还能有什么希望？这难道不会使所有为人类解放而奋斗、斗争、受苦和死亡的生命显得更加没有意义，更加荒谬，更加无意义和令人沮丧吗？

在这一点上，永恒的轮回出现了，并表现为一个问题：如果生活存在于所有细节中，如果"每一个痛苦和每一个快乐，每一个想法和叹息，以及一切难以言喻的小事或大事"[6]必须来到你身边，你宁愿回到什么样的生活？你愿意在认命中度过你的现在，这样每次它轮回时，你将不得不再次生活在可悲的自满中，由于它是多么的**不令人满意**而变得更糟，想到你本可以把事情改变得更好，就会咬牙切齿？还是你更愿意在一场悲剧性的战斗中度过你的现在，无论希望之光多么暗淡都要挣扎，并且知道，即使你最后失败了，你也确信你已经尽力了？

注释：

1. ［德］弗里德里希·尼采：《权力意志》，孙周兴译，北京：生活·读书·新知三联书店 2007 年版，第 37 页。

2. ［德］弗里德里希·尼采：《查拉图斯特拉如是说》，钱春绮译，第 12 页，北京：生活·读书·新知三联书店 2007 年版，第 10 页。

3. ［德］弗里德里希·尼采：《查拉图斯特拉如是说》，钱春绮译，第 12 页，北京：生活·读书·新知三联书店 2007 年版，第 11 页。

4. ［德］弗里德里希·尼采：《快乐的科学》，黄明嘉译，桂林：漓江出版社 2000 年版，第 261 页。

5. Rosa Luxemburg, *Gesammelte Briefe*, Bd. 5, Berlin：Dietz, 1984, p. 151.

6. 同上。

（七）释放权力的意志

　　2020 年 6 月，布里斯托的一群人集体决定拆掉奴隶主爱德华·科尔斯顿的雕像，并将其扔到附近的港口①。孤立地看，这一行为的政治后果可能很小，也许行为本身只是象征性的，但我们在这一简单的集体行为中看到的是，在小范围内，一个集体的社会权力被重新吸纳回自身，拒绝以政治代表的形式将自己的社会权力与自己分开；简而言之，拒绝让自己的权力被异化。同样的行为在尼采的术语中，是主人对外部世界的本能和自发排放的呼唤，尼采在《道德的谱系》中将其描述为"自由的本能"。决定必须推

　　① 爱德华·科尔斯顿任职于皇家非洲公司，常年贩运西非黑奴至加勒比海地区，进行臭名昭著的"三角贸易"。为了回报家乡，他成为慷慨好施的慈善家。1895 年，布里斯托市政厅决定设计一座铜像，竖立在市中心广场，以纪念科尔斯顿的慈善义举。然而在皇家非洲公司的经历成为科尔斯顿抹不去的黑历史，他的雕像始终是反种族主义激进抗议者的眼中钉。为了泄愤，2020 年 6 月 7 日，抗议者将这座 19 世纪的青铜纪念碑涂满了红色与蓝色的颜料并从佩罗桥扔入河水中，以纪念在这座城市中死去的被奴役者佩罗·琼斯。

倒雕像的那群人并没有通过签署请愿书或召集代表来实现这一目标；他们没有将自己的权力转移给官僚机构，赋予其合法性来为他们完成审议和执行的过程。不！他们要的是他们的权力意志。他们希望他们的权力意志反映在周围的世界中，他们肯定了这种本能，并相应地塑造了世界。这一行为远非革命，但它包含了一个被确认为权力意志的世界的种子，无论这种子是多么微小：一个不与自身疏离的世界；一个不被意志和压制意志的东西分割的世界。

随即，各种对生命的否定出现在阳光下，他们抱怨雕像没有通过民主程序被移除，——这里的他们指的是官僚程序；换句话说，他们抱怨的正是**人们没有将他们的社会权力从自己身上异化**，没有将他们的决策能力异化。只有当你把民主等同于官僚主义时，你才能说，雕像所处的直接环境中的人们，做出一个集体的、积极的、自发的决定，不如一开始就决定制作雕像来得民主。

但更常见的抱怨是，这种行为不尊重历史，它破坏了我们过去的有价值的标志，它使我们无法了解过去。这里指的是什么样的历史呢？尼采在《论历史的用途和滥用》中对三种类型的历史进行了有益的区分：纪念式、怀古式和批判式。在这种情况下，似乎所指的是怀古式——其唯一的目的是保存过去，记录过去，将其存档——怀古式的历史学家是一个想留下任何未被记录的东西的人。

但马上就产生了新问题：作为一个古代历史学家，在他的职业中，会不会决定通过竖立一座雕像来记录一个历史事实？这似乎是非常低效的。不，用雕像表达的不是怀古式，而是**纪念式**的历史。纪念式的历史不太关心准确的历史事实的存档，而更关心制作偶像、颂扬人物、崇尚事件、赞扬制度——简而言之，提出一个理想，而雕像是用非常直观的方式来做到这一点。一座雕像不只是说"记住我"，它还邀请你去崇拜它。那么，历史问题就变成了：我们想崇拜一个奴隶主吗？

但是，假设我们的反对者让我们相信，这个雕像实际上是一件古物呢？也许其概念是有纪念意义的，但却有着不同的历史背景，加上我们如今对奴隶制的反感，**意味着**我们不再将这个铜像视为纪念碑，而是作为**过去**被视为适合纪念式的古物的提醒。如果这个论点是合理的，它是否能成功地证明这个雕像的合理性？怀古式的地位是否比纪念式的地位要好？

尼采并没有在这三种历史类型中挑选出一个最喜欢的。事实上，他认为所有这些都是必要的。然而，他确实警告我们不要让这三种类型中的任何一种**压倒**其他类型，让它超出分配给它的适当范围。任何方向的不平衡都有可能使平权的生活方式变得不可能。

但是，如果我们过分强调古人，又会出什么问题呢？"没有什么衡量标准，每样东西都被给予同等的重要性，也就意味着任何东西都被看得太过重要了。因为过去的事物从来都没有从其真实的角度被看待，或是获得它们正当的价值。"[1]纪念性历史能够肯定——选择它认为值得纪念和崇拜的事物；批判性的历史能够否定——选择它认为值得批判和拒绝的东西。然而，如果任由其自生自灭，古代史就无法进行选择——它只能保存和积累数据，这些数据在没有判断和价值的情况下不断增加，以至于它不仅变得毫无用处，而且对我们在世界中定位的能力产生了积极的危害。自尼采时代以来，这种过剩的数据已经扩大到令人眼花缭乱的程度，最近被鲍德里亚描述为信息的增加与意义的减少相对应。

"从不再给予现在的新鲜生活以灵魂和灵感的那一刻开始，怀古式历史就退化了。""怀古的习惯会将他内心一种重要的天分、一种真正的精神需求，降格为一种简单的对一切古老东西贪得无厌的好奇心。"² 那么，当抗议者否定不值得敬畏的雕像时，他们就参与了批判性的历史。他们阻止了剥夺生命的威胁，而臃肿的古代历史会阻碍人们对新事物的意愿。它扫除了过去的废墟，以便在它们的地方建立新的东西。

今天，大多数保守派和反动派，除了在国家和资本授予的实际权力位置上的少数人，既没有权力也没有意愿向外履行他们的本能，以免他们与法律——他们的神圣戒律之碑——发生冲突。他们中的许多人将呼吁**更多**的异化，呼吁国家将世界上**更多**的部分归入其抑制体系之下。我们可以通过与《道德的谱系》及其对禁欲主义理想的分析进行类比，更好地理解他们自我诱导的异化，他们的权力意志形式。

奴隶们由于没有能力直接攻击他们的主人，就通过想象中的复仇来表达他们的权力意志——发展一种世界观，根据这种世界观，优越性的顺序被颠倒了——在现实中拥有优越权力的主人成为罪恶的，因此注定要下地狱，而在现实中拥有劣势权力的奴隶则成为有美德的，因此注定要上天堂。复仇的渴求通过以下令人满意的信念得到缓解：一个人的敌人缺乏你所拥有的道德价值，并注定要在未来遭受永恒的痛苦。然而，由于软弱因此被转化为美德，力量被转化为罪恶，奴隶们现在被他们自己的信仰体系所驱使，甚至否认他们**可以**从外部释放的本能，并加剧他们的软弱，超过他们最初的软弱。奴隶越虚弱就越痛苦，越痛苦就越相信受到了上帝的惩罚，也就是说，他们活该受苦；也就是说，活该变弱。此即奴性禁欲主义者的意志力的特殊性：在试图表达他们的意志力时，他们只会**削弱**它，并陷入一个向下的螺旋。

这种动态在结构上类似于路德维希·费尔巴哈在人类和宗教方面的思想。人类对宗教的投入越多，越把自己的人性品质归于神性，它为自己保留的东西就越少——人类把更多的权力归于上帝，它**剥夺**了自身更多的权力。马克思将这一方案应用于资本主义生产过程：雇佣工人劳动得越多，他们的生产力就越高，他们的劳动就越多地依属于别人——资本家——的形式从他们身上异化出来；资本的增值越多，给工人的部分就越少。因此，从这些具体的例子中抽象出来，这种异化循环的一般动态是这样的：一个人越是努力，就越是被赋予一种异己的力量，并在面对这种力量时变得越来越弱。尼采笔下的奴性禁欲主义者也是如此：奴隶越是肯定自己的美德，就越是将力量赋予禁欲主义理想——一种他们无法控制的社会心理力量，他们就越是软弱。

这就是认同反动或保守意识形态的工人阶级成员所遭遇的模式。他们通过支持压迫性的国家或政党来表达自身的权力意志（也许他们这样做是因为他们希望得到相对于各种少数群体的优势），然而他们越是赋予他们的政党权力，他们保留的权力就越少。这就是保守派所表达的悖论，他们解释说自己拥有枪支是为了应对政府暴政，但他们却支持警察的军事化，如果政府下令，警察就会把他们的枪拿走。他们通过将权力转移给认为代表其行事的实体来行使权力，但其运作却不受他们控制。越是赋予警察部队、军队和官僚机构权力，他们在其阴影下就越是渺小。因此，本已脆弱的本性被进一步削弱，缺乏外部释放的情况被加剧，这意味着他们的侵略性被进一步内部化，这助长了这种政治中众所周知的怨恨——怨恨往往表现为性病态——对生命最直接和明确的否定，尤其在今天的右翼青年中如此盛行。"宣扬贞洁就是公然煽动违背自然的行为。任何对性生活的蔑视，任何用'不贞洁'这个概念玷污性生活，都是对生命的犯罪——都是违背生命这个神圣精神的重大罪行。"[3]

在《道德的谱系》中，尼采描述了一个古老的过程，在这个过程中，"被强制潜匿的自由本能，它受到了遏制，变得不再重要，被囚禁在了内心的深处，并且最终只有向其自身发泄和释放","大量的自由"在这个过程中"被排挤出这个世界"[4]。而且，可以肯定的是，不仅是反动派，许多左翼激进分子也是如此，他们缺乏对外释放本能的力量，只能向内表达，反对自己，被锁在肉体的精神世界中。因此，对外的政治参与只能让位于自我批评、仪式化的内疚，以及充其量是对"轮到我们"时将发生什么的一厢情愿的幻想。这些发展的最终结果就是尼采所说的"最后的人"——不再追求任何东西的人，没有崇高感的人，从不冒险的人，只渴望简单的快乐和安全。尼采错误地将"最后的人"视为社会主义社会中人的写照，但正是资本主义创造了"最后的人"，并倾向于扩大马克·费舍尔①（Mark Fisher）所称的"抑郁症"[5]的状况，在这种状况下，人们除了追求快乐之外什么都做不了。

但也有些时候，权力意志就像一道闪电，喷薄而出，让城市燃烧起来，开疆拓土，按照它的想法塑造世界。被禁锢在内心的东西突然被释放到外部世界，以愤怒的方式表达，使之成为快乐的；以否定的方式表达，使之成为肯定的。就在最后一个人似乎已经享受了他最后的无声的胜利时，"超人"的可能性再次打开了。"我告诉你们：世人必须在自身中留有混沌，以便能生出舞蹈的星。我告诉你们：你们自身中还留有混沌。"[6]是的！我们终于可以重复查拉图斯特拉的话语并相信它们——你自身中还留有混沌！

---

① 马克·费舍尔（Mark Fisher, 1968—2017年），英国当代著名乐评家、政治理论家。代表作有《资本主义实在论》等。

人们一直以来所遭受的苦难并不只是蒸发成虚无，它被转化为雕塑的材料，它产生的张力缓慢但又坚定地拉回弓弦，准备射出人类手中的箭。弓弦还没有忘记如何呼啸而过。"世人培植他们的最高希望之幼芽的时候到了。"[7]

> 对于这样五花大绑着的人来说，大解脱是骤然降临的，如同经历了突如其来的地震：年青的灵魂一下子震撼了，挣脱了，释放了，连自己都不明白，究竟发生了什么事。一种推力汹涌而来，犹如一道无可违抗的命令控制了他们；一种意志和愿望苏醒了，执意前行，无论去往何方，无论代价如何；一种强烈而危险的、对尚未发现的世界的好奇心燃烧起来，他们所有的感官里都是烈焰熊熊。"长在**此**，毋宁死"……
>
> ——尼采《人性，太人性的：一本献给自由精神的书》[8]

最后一个人只寻求简单的快乐和安全；但暴乱者不再满足于简单的快乐，当没有任何值得保障的东西时，安全是无用的。最后一个人说："我们发明了幸福"，但暴动者不再想要它——他们的幸福还不够**喜悦**。最后的人进行道德化和计算：他认为革命太冒险，革命的越轨行为是不道德的，但暴乱者**想**冒险，他们**想**越轨。他们的权力意志要求这样做。

注释:

1. ［德］弗里德里希·尼采:《历史的用途与滥用》,陈涛、周辉荣译,上海:上海人民出版社1999年版,第21页。

2. ［德］弗里德里希·尼采:《历史的用途与滥用》,陈涛、周辉荣译,上海:上海人民出版社1999年版,第22页。

3. ［德］弗里德里希·尼采:《看哪这人:尼采自述》,张念东、凌素心译,北京:中央编译出版社2000年版,第62页。

4. ［德］弗里德里希·尼采:《道德的谱系》,梁锡江译,上海:华东师范大学出版社2007年版,第142页。

5. Mark Fisher, *Capitalist Realism*, *Zero Books*, 2009, p. 21.

6. ［德］弗里德里希·尼采:《查拉图斯特拉如是说》,钱春绮译,北京:生活·读书·新知三联书店2007年版,第12页。

7. ［德］弗里德里希·尼采:《查拉图斯特拉如是说》,钱春绮译,北京:生活·读书·新知三联书店2007年版,第12页。

8. ［德］弗里德里希·尼采:《人性的,太人性的:一本献给自由精神的书（上卷)》,魏育青译,上海:华东师范大学出版社2007年版,第6页。

六、结尾的前言

我的哲学，如果我有权称之为折磨我到我本性根源的东西，那么它不再是可传播的，至少在印刷品中没有。

——1885 年尼采致弗朗茨·奥弗贝克[1]

全部社会生活在本质上是实践的。凡是把理论引向神秘主义的神秘东西，都能在人的实践中以及对这个实践的理解中得到合理的解决。

——马克思《关于费尔巴哈的提纲》[2]

有鉴于我在本书中试图介绍的哲学类型，在此我回到本书开始时的话题：我们的哲学与实践的构成关系。正如尼采所言，一个"不再能用印刷品交流"的哲学是如何成为可能的呢？我们可以通过看看尼采在 1873 年的一篇早期文章《论非道德意义上的真理与谎言》中提出的激进语言观开始回答这个问题。人们通常认为语言涉及预先存在的概念，这些概念与外部现实相对应，而词语被视为只是在这些预先存在的概念上打上符号。这里的概念只是被预设的，而实际上它是在发展的很晚阶段产生的。对尼采来说，词最初只是神经刺激的声音的代表。他认为，当给定的神经刺激被转变成声音时，语言就会产生，因此它在本质上总是**隐喻**的。例如，当人们看到狼时引起的神经刺激被转变成一种概括性的声音，经过反复使用，最终凝结成"狼"

这个概念。这意味着语言不是对外部现实的简单反映，而是以隐喻的方式表达存在和事物之间的关系（例如，人和狼）。这就是语言的"方式"。语言的"为什么"是它的社会功能：它用声音表达生命和事物之间的关系，使人类之间的合作更加容易。因此，真理和谎言最初并不是指一个概念是否与外部现实相对应（这是一个很晚的表述），而是指它是否能适应社会合作、是否能促进社会规范形成。最初，语言要么为社会功能服务，要么不为社会功能服务，只是随着时间的推移，通过重复，"真"这个概念才开始表示前者，而"假"则表示后者。

> 因此，什么是真理？真理即一群运动着的隐喻、转喻和拟人化，简单来说，即一组以诗意的和修辞的方式被提高、转化和修饰了的人类关系，并且这些关系在长久的使用之后被一个民族视为固定的、规范性的和有约束力的：真理是人们已经忘了其为幻觉的幻觉，是被用坏了的、失去感性力量的隐喻。
>
> ——尼采《论非道德意义上的真理与谎言》[3]

这种说法的意义何在？它将语言本身置于社会关系的领域中，哲学在传统上被认为是语言学的，各种语言学的交流被说成是为了解决哲学问题。但是，如果语言交流本身从根本上包括以隐喻方式表达的社会关系，**那么直接参与这些社会关系本身就可以成为解决哲学问题的一种方式，**

只是没有语言的中介。

因此，我们通过不同的途径得出与马克思相同的结论，当时他在博士论文中主张哲学必须成为世俗的，世界必须成为哲学的。如果哲学和社会关系之间存在本质的联系，那么就有可能去掉被称为语言的中间人，**通过处理社会关系来解决哲学问题。**

例如，自笛卡尔以来就定义了现代哲学的主客体关系的哲学问题。德国唯心主义哲学强烈关注弥合两者之间的差距，康德认为这是不可能的。这是一个尽可能抽象的哲学问题，黑格尔试图用哲学语言相应地解决它。然而，马克思设法将其揭示为一个**具体的社会问题**。现代哲学之所以认为主客体关系有问题，是因为主体（真实的、生活的、生产的人）与它的客体（人类在生产中利用的自然及其资源）疏远、疏远。这种异化是由一定的社会关系造成的，因此这是个社会的、政治的问题。社会主义革命将通过让生产者直接控制他们的生产资料来消除异化，从而**消除主体与客体之间的严格分离**。主体根据自己的需要、兴趣和愿望塑造自然，使主体在客体中实现自我，从而实现主体与客体的统一。因此，社会主义革命将**通过语言交流以外的手段**来解决这个哲学问题。正如尼采所说，这将是一个用"闪电"进行哲学思考的案例——作为哲学方法的革命。

最抽象的哲学关注点植根于**最具体的现实生活情境和事件**。每当**集体**社会运动走上街头以确保**个体**的生存权时，集体与个人之间的理论区别以及关于哪个是主要的争论都

会得到解决。集体运动"黑人的命也是命"① (Black Lives
Matter, BLM) 呼吁人们在提到所有警察暴力的受害者个体
时"说出他们的名字",给予他们的个体以现有的社会关系
所拒绝的那种承认和社会价值。这些时刻以一种学术论文
无法达成的方式表明,个人或集体至上的问题不仅仅是哲
学问题,而是作为确定的社会关系的结果而出现的:因为
人类彼此之间经历了与集体的僵硬分离,在其中找不到任
何肯定,因此这种关系采取了理论问题的形式;每当这种
异化被抵制时,哲学问题就会因此接近它的废止。同样,
当人们支持生态改革时,他们解决了自由与必要性之间的
哲学冲突:正是应对气候变化的必要性导致他们采取政治
行动,并在行动过程中赋予自己权力,以及从而获得自由。

明显的尼采式问题也是如此。例如,虚无主义是一个
人的苦难没有意义的问题,这常常导致自我毁灭的反应,
例如苦行者的理想,只有通过使受苦的个人成为值得受苦
的有罪的罪人,才能赋予**受苦**的意义。但是,当个人利用
自己和他人的痛苦作为政治参与和行动的燃料时,他们因
此赋予了痛苦以意义,来作为人类解放的最终目标所必需
的东西,并以征服虚无主义的方式来做到这一点,如这种
政治行动同时肯定了他们的权力意志:

---

① 2020 年,非裔男子乔治·弗洛伊德因白人警察暴力执法惨死,其引发
的抗议和骚乱蔓延到全美上百个城市,"Black Lives Matter"成为凝聚民众的口
号之一,引发了全美声势浩大的"黑人的命也是命"运动。这场运动的焦点已
经不再限于"黑人遭警察虐杀",而是开始扩展到警察暴力、种族歧视、社会
不公等一些长久存在的社会问题,引发美国社会各界对文化和历史的反思。

……把飞去的道德带回大地吧——是的，带回给肉体和生命吧：让道德给大地赋予意义、人的意义。

……

我的弟兄们，让你们的精神和你们的道德有助于大地的意义吧：让一切事物的价值重新由你们来定！因此你们应当做战斗者！因此你们应当做创造者！

肉体由知晓而净化自己：肉体用知晓试探而以此提高自己；对于认识者，一切冲动都化为神圣；在提高者方面，他的灵魂是快活的。

——尼采《查拉图斯特拉如是说》[4]

尼采的主要关注点之一是赋予地球意义。意义历来都是从地外、诸天、玄界之外的源头获得的，因此只能贬低它。因此，尼采将**超人**设想为能够成为地球意义的人，从而使地球本身的意义**生成**地球本身的内在意义——正如马克思所说，这将是一个人类力量发展的世界将是一个结束本身。对于尼采和马克思来说，实现这一点的计划即使不是**国际**计划也算不上什么。即使当查拉图斯特拉强调每个人都有不同的"善"和"恶"——不同的价值观，而独特的价值观甚至是一个民族自我保护的条件时，他指出，虽然迄今为止地球上已经有成千上万的目标，就像有成千上万的人一样，但仍然缺少**一个**目标——"人类还没有目标"，但是"如果人类还欠缺目标，不是连人类本身也欠缺吗？"[5] 这无疑清楚地表明，对于查拉图斯特拉来说，价值的重新评估、"超人"的到来，是一个国际主义的目标。在民族主义的琐碎政治中永远找不到它。超人毕竟是地球的意义，不只是这个或那个国家的意义。因此，必须寻求能够将全人类团结在一个目标之下的东西。或者更准确地说，将所有非人类统一在一个目标之下——无产阶级代表"人的完全丧失，并因而只有通过人的完全回复才能回复自己本身"[6]。这样的目标能做什么？除了与资本主义有关的东西——第一个也是唯一一个成功覆盖整个地球并让每个人都共享相同社会关系的系统？只有这样规模和规模的系统才能给世界一个目标——因为这个目标不可能是维持已经存在的东西，所以它必然是这个系统的毁灭，因为"必须做创造者的人，总得要破坏"[7]。

这本书所表达的目标是雄心勃勃的，有些人会说不合理，但群众运动从未因"合理"而赢得任何重大胜利，因为总是由当权者为"合理"设定标准，并且非理性的火焰总是从小处开始。每一步我们不仅要要求他们愿意让步我们，而且要超过他们**能够**让步我们，从而暴露当前社会的局限，并推向其临界点。毕竟目前，统治阶级对我们的要求超过了我们所能给予的——对它来说"合理"的是成千上万的人为全球流行病和迫在眉睫的气候灾难做出牺牲。在这种情况下，不合理的野心是最起码的。人们可能会怀疑全球革命运动是否仍然可能，但不能怀疑它是否必要。

2020年，"黑人的命也是命"抗议者抵制警察的暴行，设法使整个地区没有警察，建立了食品分配中心、社区防卫团体，甚至征用了一家酒店来安置无家可归者；黎巴嫩人民通过占领外交部来抵制一个不负责任的政府，迫使整个内阁辞职；俄罗斯阿穆尔州的工人被系统性地欺骗，被骗取工资，并被置于不安全的条件下，他们通过占领整个村庄而起义。白俄罗斯人以该国历史上最大的反政府动乱来回应政府的腐败；随着全球流行病的蔓延，对立的阶级利益变得更加明确，并促使工人罢工、租户罢工和大学罢课大量增加——每天都有新的权力意志威胁着要爆发、进行的积极反抗。每一场这样的斗争都带来了对存在于我们身上的力量的认识，即使缺乏枪支、财富和正式的政治权力，也能使几十年来的代议制选举政治所无法比拟的力量成为可能。所有这些斗争都是个人试图肯定和增强自己的力量，由他们最个人的关切所驱动，对每个人所面临的最独特的生活环境作出反应；然而，在这样做的时候，他们解决了具有普遍性的问题，使他们与全球各地的人民团结在一起。在所有这些大规模觉醒之下，生命否认者将试图破坏已经释放的力量并压制它们，将它们转为禁欲主义和自我毁灭，使它们回到行使这种力量的人们那里——从而迫使他们与国家达成改良主义的妥协。但是，在抵抗这种压制的过程中，每一场斗争，每一点因此而点燃的火焰，都有可能在整个地球上扩展，与各国的所有同类斗争联合起来，并将之变成世界性历史事件，为地球赋予意义。

社会主义和生命肯定不是我们幻想出来的或从天上摘

下来、然后强加给世界的理想。相反，它们是真实存在的历史可能性，由已经存在的条件使之成为可能，甚至是必要。走向社会主义和肯定生命的趋势已经存在，就像花朵绽放的趋势已经存在于它的种子中一样，地球上没有一个人不为扩大这些趋势而奋斗。同时，这种发展也没有什么不可避免的，因为逆潮流而动者总是威胁要在种子成长起来之前将其压垮。我们所需要的是点燃肯定的倾向，推动并释放它们蔓延开来，直到实现其最快乐的潜力。我在此结尾强调，严格来说，这部哲学作品并没有在本书的最后几页结束。如果它真的结束了，它的结束将超越所有的书，那样的话，这里提出的哲学问题将在其源头得到解决：即产生和维持这些问题的社会关系。

注释：

1. Rüdiger Bittner（ed.），*Writings from the Late Notebooks*，Kate Sturge（trans.），Cambridge：Cambridge University Press，1885，p. x.

2. 马克思、恩格斯：《马克思恩格斯文集》第一卷，北京：人民出版社 2009 年版，第 501 页。

3. ［德］弗里德里希·尼采：《悲剧的诞生：尼采四书》，孙周兴等译，上海：上海人民出版社 2007 年版，第 83—84 页。

4. ［德］弗里德里希·尼采：《查拉图斯特拉如是说》，钱春绮译，北京：生活·读书·新知三联书店 2007 年版，第 63 页。

5. ［德］弗里德里希·尼采：《查拉图斯特拉如是说》，钱春绮译，北京：生活·读书·新知三联书店 2007 年版，第 62 页。

6. 马克思、恩格斯:《马克思恩格斯文集》第一卷,北京:人民出版社 2009 年版,第 17 页。

7. [德] 弗里德里希·尼采:《查拉图斯特拉如是说》,钱春绮译,北京:生活·读书·新知三联书店 2007 年版,第 62 页。

致　谢

　　我要感谢塔里克·戈达德（Tariq Goddard）把出书的机会交给我，感谢乔希·特纳（Josh Turner）一丝不苟的编辑工作，感谢"中继站图书"（Repeater Books）的其他所有人对这个项目的友好贡献。如果没有洛根·奥哈拉（Logan O'Hara）的帮助，写作过程就不会那么成功，他在整个过程中为我提供了宝贵的反馈，才使这本书变得更好。我也很感谢其他给我反馈的人，包括保罗·雷克斯塔德（Paul Raekstad）、布莱恩·内夫（Bryan Neff）、谢西（Xexizy）和詹姆斯（James）。不言而喻，如果不是我的优兔（You-Tube）粉丝群，我不会得到出版这本书的机会，我一直对他们心怀感激。